Schawinski, Roger:

Lebenslust bis 100: Das Ego-Projekt

Roger Schawinski

Lebenslust bis 100:
Das Ego-Projekt

Die Deutsche Bibliothek – CIP-Einheitsaufnahme

Schawinski, Roger:
Lebenslust bis 100 : Das Ego-Projekt / Roger Schawinski. – Landsberg ;
München : mvg, 2002
ISBN 3-478-73380-4

Alle Angaben wurden vom Autor und vom Verlag sorgfältig geprüft. Eine
Garantie kann dennoch nicht übernommen werden. Eine Haftung des
Autors bzw. des Verlages und seiner Beauftragten für Sach-, Vermögens-
und Personenschäden ist ausgeschlossen.

Umschlaggestaltung: Vierthaler & Braun, München
Satz: abc.Mediaservice GmbH, Buchloe
Druck: Himmer, Augsburg
Bindung: Thomas, Augsburg
Printed in Germany 73380 / 030204
ISBN 3-478-73380-4

Inhalt

Einleitung

Dieses Buch behandelt das wichtigste Projekt, das es für Sie und für mich gibt: uns selbst! Es ist endlich Zeit, dass wir uns ernsthaft mit uns befassen, nachdem wir uns so lange und so intensiv mit anderem beschäftigt haben. Zum Beispiel mit der Karriere. Oder mit dem Geldverdienen. Oder mit der Gründung unserer Familie. Das war äußerst wichtig, und wir glaubten, all dies sei unsere Aufgabe und wir würden uns damit unseren Zielen nähern. Aber wo sind wir selbst dabei die ganze Zeit über geblieben? Wo blieben unsere eigenen, ursprünglichen Bedürfnisse? Sie blieben im Hintergrund und wurden verdrängt von immer neuen, drängenden Anforderungen, die wir pausenlos zu erfüllen hatten.

Dieses Buch richtet sich an Menschen jenseits der 40. Wir alle in dieser Generation haben eine einzigartige Chance, unser Leben durch einen neuen, zusätzlichen Zyklus zu erweitern. Wir müssen nicht fatalistisch der Pensionierung und dem Altersheim entgegentaumeln, mit dem Wissen, dass uns die Gesellschaft als ausgelaugte Restbestände mit so wenig Aufwand wie möglich entsorgen möchte, um uns vom Zentrum ins Abseits zu schieben.

Natürlich haben wir alle Angst vor dem Altern, wenn wir ganz tief in uns hineinhorchen. Auch ich. Es ist eine Reise in eine Richtung, die nicht sehr verheißungsvoll erscheint. Das restliche Leben liegt vor uns wie eine einzige lange Bremsspur, ein Ausrollen bis zum Stillstand. Neue Höhepunkte, neue Horizonte scheinen nicht in Sicht.

Dies war nicht nur früher der Fall – auch heute noch trifft es vielfach zu. Doch wir, die erste Nachkriegsgeneration und viele Jahrgänge, die nachfolgen, müssen da nicht mehr mitspielen. Wir können neue Regeln setzen, für uns selbst und damit auch für die gesamte Gesellschaft. Wir haben die Möglichkeiten dazu. Nun gilt es, sie zu erkennen und zu nutzen.

Dies ist das Thema dieses Buches. Es ist eine Anleitung, wie wir ein neues Kapitel in der Menschheitsgeschichte aufschlagen können, mit uns selbst als Hauptakteuren. Das ist gar nicht so vermessen, wie es aufgefasst werden könnte. Das Ego-Projekt zeigt auf, wie wir unser Selbstbewusstsein stärken können. Dafür braucht es klare Handlungen und Überlegungen. Denn nur, wenn wir uns gut fühlen, können wir für unser unmittelbares Umfeld positive Signale setzen. Wenn wir umgekehrt aber langsam verkümmern, werden wir zur Belastung für alle Menschen, mit denen wir uns umgeben.

Dabei geht es vor allem darum, einige Eigenschaften und Verhaltensweisen bewusst zu stärken: zum Beispiel den **Mut**, das heißt das Bekämpfen von Angst. Oder das **Durchhaltevermögen**, die Fähigkeit, gegen das Nachlassen oder das Aufgeben anzukämpfen. Auch die **Sorgfalt** gehört dazu, mit der man Probleme und Aufgaben bewältigt. Ebenso die **Geduld**, die es oftmals aufzubringen gilt, wenn man nicht kopfüber ins Desaster stürzen will. Wichtig ist das **Mitgefühl** für andere Menschen, denn ohne Mitgefühl ist man kein wirklich soziales Wesen. Auch die eigene **Authentizität** ist eine Eigenschaft, die man ständig für sich selbst überprüfen muss. **Verantwortungsbewusstsein** ist eine weitere entscheidende Qualität, die es zu praktizieren gilt. Weiter ist es wichtig, die **Unterscheidungsfähigkeit** ständig weiterzuentwickeln, um so die richtigen Entscheidungen treffen zu können. Außerdem benötigt man die Fähigkeiten, sich in gewissen Situationen **verwundbar** zu zeigen und wenn nötig auch **nachzugeben**. Mit Sturheit und Rechthaberei schadet man sich oft völlig unnötig. Und schließlich ist es unumgänglich, dass man für sich **Visionen** konzipiert und dass man sich und sein gesamtes Umfeld mit **Humor** erleben kann.

Das sind ziemlich hohe Ansprüche, ich weiß. Aber es geht darum, die Qualitäten zu praktizieren, sich in all diesen Bereichen zu verbessern. In diesem Buch lege ich klare, nachvollziehbare Fakten vor, die aufzeigen, wie es möglich ist, 100 Jahre alt zu werden - und dabei glücklich zu sein. Dabei stütze ich mich nicht allein auf Studien und Dritterfahrungen, sondern mindestens ebenso stark auf das, was ich erfahren und lernen konnte. Eine Theorie, die man nachlesen kann, ist wertvoll; die praktische Umsetzung am lebenden Objekt - eben an sich selbst - ist jedoch das Entscheidende.

Genau darum geht es. Nur wenn wir mit derselben Professionalität, mit der wir etwa im Berufsleben Grundkenntnisse und Erfahrungen gesammelt haben und erfolgreich wurden, unser künftiges Leben managen, können wir unser Potenzial ausschöpfen. Dinge, die wir bisher vielleicht am Rande mitbekommen und teilweise auch umgesetzt haben, werden nun, mit fortschreitendem Alter, zu zentralen Aufgaben.

Natürlich haben wir uns bisher nicht ernsthaft damit befasst, wie alt wir werden können. Solange man jung ist, kann das kein Thema sein. Erst wenn man sich einer gewissen Schwelle nähert, wird die Frage der Lebenserwartung erstmals wichtig.

Die Beschäftigung mit den noch vor uns liegenden Jahren bedingt ein Umdenken, und zwar in größerem Maße, als es auf den ersten Blick erforderlich scheinen mag. Dabei sind die Dinge, die wir in Zukunft tun sollten, alles andere als spektakulär. Neu und entscheidend ist allein die Kombination und die Intensität, mit der sie unser Leben bestimmen können.

Das Wissen, etwas in Angriff nehmen zu müssen, ist nicht der entscheidende Schritt. Wissen kann man leicht erwerben, sogar Erkenntnis. Ganze Bibliotheken stehen uns zur Verfügung. Aber relevant wird dieses Wissen nur, wenn eine Aktion folgt.

Wie viele Menschen kennen Sie, die seit Jahren immer wieder erklären, sie müssten den Job wechseln? Oder abnehmen? Oder das Rauchen aufgeben? Oder eine verkorkste Beziehung beenden? Wie glaubwürdig wirken diese Aussagen bei den einen und wie lächerlich bei anderen?

Deshalb gilt es, ehrlich mit sich selbst zu sein, sich zu fragen, zu welcher Gruppe man gehört. Zu jener, die jahrelang immer nur redet, oder zu jener, die handelt? Und es gilt herauszufinden, in welchen Bereichen man eher bereit ist, etwas zu verändern, als in anderen. Wo sind die Grenzen des Handelns, von denen man sich immer wieder zurückhalten lässt? Und ist es nicht das Allerschlimmste, genau zu wissen, was das eigene Wohlbefinden langfristig verbessern könnte, aber unfähig zu sein, es endlich anzupacken?

Das Ego-Projekt soll Anleitungen dazu liefern, wie man es besser macht. Wer sich darauf einlässt, für sich selbst die bestmöglichen Lebensbedingungen zu schaffen, ist kein verabscheuenswürdiger Egoist, sondern ein Mensch, der auch in späteren Phasen seines sehr langen Lebens aktiv seine Umwelt mitgestaltet. Der in der Lage ist, Leistungen zu erbringen, von denen nicht nur er selbst oder sein direktes Umfeld profitieren können. Er ist fähig, auch für weitere Teile der Gesellschaft positive Impulse zu generieren. Denn eine Zivilisation mit einer sehr großen Zahl von Menschen mit intaktem Selbstbewusstsein, die auch die Möglichkeit haben, die eigenen Träume zu verwirklichen, funktioniert einfach besser. Das gilt ganz besonders für Angehörige der älteren Generationen. Und das sind - unweigerlich - irgendwann einmal wir selbst.

Bei meinen Recherchen habe ich immer deutlicher die einmalige Chance erkannt, die sich uns eröffnet. Als erste Generation ist es für uns möglich, ein längeres, besseres und aktiveres Leben zu führen, das uns in bisher unvorstellbare Bereiche vordringen lässt.

Der biblische Stammvater Abraham durfte gemäß der Überlieferung 120 Jahre lang leben, und damit wurde er auch in dieser Sparte zum Vorbild für alle späteren Generationen. Bis auf den heutigen Tag wünschen sich traditionelle Juden beim Abschied gegenseitig ein Leben „bis 120". Das ist besonders in der Welt von Menschen, die sich über die Jahrhunderte vor einer Vielzahl von lebensbedrohenden Gefahren zu schützen hatten, das größtmögliche Glück.

Doch was bisher unerreichbares, ungreifbares Wunschdenken war, rückt nun in den Bereich des Möglichen. Die

Zahl der Menschen, die 100 Jahre alt werden, wird sprunghaft zunehmen, und einige von uns werden es sogar schaffen, die Vorgabe Abrahams zu erreichen. 120 Jahre ist nicht mehr bloße Fiktion, sondern eine Chiffre für eine denkbare Zukunft.

Und weil das so ist, lohnt es sich besonders, sich darüber zu informieren, wie man diese ganz, ganz lange Zeit, die vor uns liegt, mit Lebenslust erfüllen kann. Dazu habe ich einige Vorschläge.

Türen öffnen

1

Ä lter werden wir alle. Aber macht es uns auch Spaß? Ist
100 Jahre alt zu werden überhaupt erstrebenswert?
Wenn man ältere Menschen sieht, wie sie sich durch ihre
letzten Jahre quälen, so ist das oft abschreckend. Nein, so
möchte man nie werden, ist man sich sicher, nein, ein solches Leben ist alles andere als attraktiv. Das langsame
Wegdämmern im Altersheim, der unaufhaltsame Verlust
von zentralen körperlichen und geistigen Funktionen – all
dies ist schmerzvoll, und zwar ebenso für die betroffene
Person wie für ihr Umfeld. Selbst wenn diese ganz späten
Lebensphasen oft verbrämt und verklärt werden, so ist es
doch ein langsames Sterben, bei dem die Trauer über das
Verlorene immer präsent ist. Und die Lust, die kommt
immer mehr abhanden, bis sie überhaupt nicht mehr aufzuspüren ist.

Dabei könnte man in späteren Jahren viel bewusster das
genießen, was einem zuvor, in jungen Jahren, beinahe
automatisch zugefallen ist. Das Wissen über die vielfältigen Erfahrungen, das man erworben hat, würde einen alles
Lustvolle viel tiefer erleben lassen als früher. Der englische Dichter George Bernard Shaw klagte deshalb, dass es

schade sei, dass die Jugend sinnlos bei jungen Menschen verschwendet werde. Ältere Menschen würden von der Jugend viel besseren Gebrauch machen...

Viele unserer Jugendgefühle können wir in spätere Lebensphasen mitnehmen und so dem Leben eine erweiterte Dimension geben.

So war das bisher, aber so muss es in der Zukunft nicht weiterhin sein. Wenn wir uns richtig verhalten, können wir viele der Gefühle, die wir in der Jugend erlebt haben, in spätere Lebensphasen mitnehmen und sie dort vielleicht noch intensiver erfahren. Das Leben wird so zusätzlich eine neue, erweiterte Dimension erhalten.

Traum-Zielort Leben

War es nicht erst gestern, als wir immer der oder die Jüngste einer Gruppe waren? Stolz und erstaunt waren wir damals und wunderten uns, dass wir bereits so früh an diesem Ziel angelangt waren. Und jetzt ist man 36. Oder 44. Oder 56. Und vielfach ist man der Älteste einer Gruppe.

Wir wundern uns, wie schnell das alles gegangen ist. Und wir fragen uns, ob wir wirklich das erreicht haben, was wir uns immer erträumt haben. Ist dieses Leben alles, was möglich gewesen wäre? Wo sind die großen Erfolge, die ganz großen Befriedigungen geblieben? Und selbst wenn wir einiges erreicht haben, so fragen wir uns, ob das schon alles war. Haben wir den Höhepunkt des Lebens bereits hinter uns? Befinden wir uns schon unweigerlich auf der abschüssigen Bahn? Läuft uns die Zeit so schnell, viel zu schnell davon? Und wenn die Dinge schon nicht unbedingt besser sein können, weshalb sind sie zumindest nicht anders, damit wir wenigstens noch etwas Spannung und Abwechslung erleben?

Wenn man jung ist, so hat man das Gefühl, dass alle Türen offen stehen. Man kann frei wählen, entscheiden, handeln. Zwar ist die Realität im Beruf und im Privatleben meist etwas komplizierter, aber das Gefühl der Unbeschwertheit und Freiheit ist zunächst einmal umwerfend. Wie in einem Reiseprospekt voller Traum-Zielorte blättert man durch die Angebote, die das Leben bereithält. Manche erscheinen unerschwinglich, andere kann man mit einigem Aufwand erreichen, wenn man es nur richtig anstellt.

Das Älterwerden wird dabei als Prozess erlebt, bei dem nach und nach einige dieser Türen geschlossen werden, bis man sich ohne Auswahl eingeengt und erdrückt in einem immer kleineren Umfeld bewegt. Das wird meist als deprimierend empfunden. Man glaubt zu wissen, dass die Träume jeden Bezug zur Wirklichkeit verloren haben. Im privaten Bereich ist vielleicht alles verkrustet, und man spürt instinktiv, dass einen diese Lebensform nicht glücklich macht. Oder man sitzt im Beruf auf einem Platz, bei dem es keine Veränderungen im positiven Sinn mehr geben kann, und man wartet nur auf einen baldigen, unheroischen Abgang in eine möglichst ruhige Zukunft. Und gesundheitlich spürt man den Verfall, wie er sich mit oft überraschenden Krankheitszuständen immer deutlicher ins Bewusstsein drängt.

Je älter man wird, desto zurückhaltender ist man, Risiken einzugehen, und das mit gutem Grund. Die verbleibende Zeit, Fehler zu korrigieren, ist kürzer. Eine katastrophale Investition mit 34 ist etwas anderes als mit 56. Wer sich in der Wahl des Jobs oder des Partners irrt, der erlebt das anders, wenn es mit 30 oder mit 50 geschieht. Wenn man seinen Irrtum einmal entdeckt, kann es zu spät sein, ihn auszubügeln – befürchtet man. Also bleibt man in einer Sackgasse stecken, obwohl man sich in ihr nicht wohl fühlt.

> *Wer für 100 Jahre plant, sieht zusätzliche Gestaltungsmöglichkeiten.*

Man opfert also Lebenslust für Sicherheit – eine vordergründige Sicherheit. Wie aber ist das, wenn man seinen Horizont in eine viel weitere Zukunft versetzt, wenn man sich darauf vorbereitet, noch viele, viele Jahre sein Leben gestalten zu können? Wenn man nicht nur bis 70 vorausblicken müsste, sondern bis 90 und mehr? In diesem Fall wäre man doch eher bereit, Risiken einzugehen, um eine unbefriedigende Situation zu ändern. Wer für ein 100-jähriges Leben plant, hat also viele zusätzliche Gestaltungsmöglichkeiten, um bewusst die richtigen Dinge zu tun. Er wird sich nicht vorzeitig mit unbefriedigenden Umständen zufrieden geben, sondern auch in späteren Jahren Risiken in Kauf nehmen.

Türen öffnen

Lebenslust erfährt man nur, wenn man aktiv dafür sorgt, dass sich die Türen im Leben nicht oder nur langsam schließen. Und besser noch ist es, wenn man ständig neue Türen öffnet. Das heißt, dass man sich aktiv auf die Suche nach neuen Türen machen muss, hinter denen sich neue Welten und neue Abenteuer befinden. Dies ist ein ganz bewusster Vorgang, und dieses Buch soll einige Vorschläge dazu liefern, wie man sich entsprechend darauf einstellen kann.

Das Erhalten der Lebenslust ist vielleicht der schwierigste, mit Sicherheit aber der wichtigste Job, den wir in unserem Leben noch zu erfüllen haben. Daher wäre es wirklich dumm, sich nicht ernsthaft damit auseinander zu setzen. Die Schwierigkeiten des Alltags dürfen auf keinen Fall den Blick auf dieses große, alles überstrahlende Thema verstellen. Die zentrale Frage muss deshalb ganz klar heißen: Was mache ich mit dem Rest meines Lebens – vor allem, wenn dieser Rest ein überraschend langes Stück Weg darstellt, das vor uns liegt.

Diese Suche ist gerade deshalb so spannend, weil das Öffnen von Türen nicht nur die Lebenslust erhöht, sondern auch gleichzeitig die Chance bietet, das eigene Leben zu verlängern. Diese beiden Dinge gehen Hand in Hand und verstärken sich gegenseitig, wie ich noch darlegen werde. Das heißt, die Lebenslust ist die wichtigste Voraussetzung für ein langes, glückliches Leben. Ich kenne niemanden, der eine solche Perspektive einfach unbeachtet lassen würde.

Daher muss man sich mit voller Ernsthaftigkeit um die eigene Lebenslust kümmern. Es gilt, eingefahrene Verhaltensmuster zu ändern und neue zu erproben. Es ist wichtig, dass man offen ist für Dinge, die man für sich bisher nicht in Betracht gezogen oder von denen man sich bereits verabschiedet hat.

> *Die zentrale Frage lautet: Was mache ich mit dem – langen – Rest meines Lebens?*

Denn der Prozess des Älterwerdens ist auch damit verbunden, dass man sich vieles nicht mehr getraut oder zutraut. Manchmal tut man dies, weil man sich von einem in den letzten Jahren in Mode gekommenen Jugendlich-keitskult angeekelt abwendet. Man will weder affig noch lächerlich wirken, will sich keinem Trend anschließen, der von vielfach exaltierten Selbstdarstellern zelebriert wird. Allzu oft geschieht diese Ablehnung jedoch aus schierer Unsicherheit, oder weil man es in einer höheren Altersstufe schon immer so gehalten hat, wie ein Blick auf die vorher-gehenden Generationen zeigt. Damit schränkt man aber seine Lebenslust ein und steht sich im wichtigsten Projekt des eigenen Lebens selbst im Weg.

Altern als Gewöhnungsmechanismus

Das Älterwerden kann nicht allein als ein physischer Pro-zess, sondern muss auch als ein psychologischer Vorgang beschrieben werden. Anders formuliert: Die Ursache des Alterns ist auch ein selbst ausgelöster Verlust von geistiger Beweglichkeit und nicht nur ein natürlicher Verlust von körperlichen Funktionen. Der amerikanische Psychologe Robert Kastenbaum nennt diesen Aspekt des Alterns einen Gewöhnungsmechanismus („habituation"). Man gewöhnt sich immer mehr an die immer selben Dinge, bis man sie nicht mehr wahr-nimmt, weder das Läuten der Kir-chenglocken noch den Lärm des vor-beifahrenden Zuges. Diese Gewöh-nung schützt uns einerseits von einem Übermaß an Eindrücken, anderseits stumpft sie uns aber ab.

> *Indem wir bewusst lernen, möglichst viel wahrzunehmen, verhindern wir frühzeitiges Altern.*

Und damit altern wir schneller, als wir es uns wünschen. Denn diese Gewöhnung, dieses Abstumpfen und Nicht-mehr-Wahrnehmen ist das Gegenteil von klarem Bewusst-

sein und Aufmerksamkeit, welche die Säulen des spirituellen Lebens sind und den Wert unserer Existenz erhöhen.

Deshalb fühlen wir uns beispielsweise jünger und leben-
diger, wenn wir reisen. Die neuen Eindrücke lockern die
Klammern der Gewohnheit. Farben, Gerüche, Ideen und
Töne sind stärker, wenn wir sie in einer anderen Umgebung erleben. Neue Erfahrungen – ein neuer Film, ein
neues Restaurant oder eine neue Liebesbeziehung – sind
Rezepte gegen die Gewohnheit. Wir öffnen neue Türen,
werden dabei wacher und jünger. Solche Erfahrungen zeigen uns, in welche Richtung wir uns bewegen sollten. Dieses Verhalten müssen wir lernen und sollten es in unser
tägliches Leben übernehmen. Nur wenn wir bewusst lernen, möglichst viel wahrzunehmen, verhindern wir ein
frühzeitiges Altwerden.

Entscheidung für das Wichtige

Damit leisten wir einen entscheidenden Beitrag zur Erhaltung unserer Lebenslust. Wer lebenslustig und aktiv ist,
wer sich also selbst liebt, der ist fähig, Liebe zu geben und
Liebe zu empfangen. Er kann sich einbringen und Veränderungen bewirken. Er wird wichtig für andere und damit
wichtig für sich selbst. Und der Sinn des Lebens wird so
greifbar. Thomas Moore meinte dazu, dass uns das Alter
zwingt, uns für das zu entscheiden, was wichtig ist in unserem Leben. Dies bedeutet, dass man nicht mehr dem Kult
der Jugend nachjagt und sich von seinen äußeren Zeichen
gefangen halten lässt, nämlich von Geld, Erfolg, Glamour
und Berühmtheit. „Wenn Weisheit etwas bedeutet, dann ist
es, dass man durch die Illusionen der Jugend durchblickt",

meint Theodore Roszak. Nur so besiegt man sich nicht selbst in einem Kampf, den man, je länger er dauert, umso weniger gewinnen kann.

Ich werde in diesem Buch darlegen, dass man viele völlig unterschiedliche Dinge tun muss, um die eigene Lebenslust zu erhöhen. Nicht die Fixierung auf das eine, glückselig Machende ist es, was wir anstreben müssen, sondern es ist umgekehrt eine Vielzahl von unterschiedlichsten Tätigkeiten und Entwicklungsschritten, die zu neuen Zielen führen kann.

Viele, viele unterschiedliche Türen zu öffnen und andere möglichst lange und weit offen zu halten, das ist es, worum es geht. So gelangt man zur Lebenslust in den Jahrzehnten, die vor uns liegen. Es wäre falsch, sich sektenmäßig auf einen kleinen Bereich einengen zu lassen, wie uns eine Heerschar von Propheten trendiger Allheilmittel weismachen will. Dies führt unweigerlich zu Abhängigkeit und Isolation statt zu Lebenslust. Nein, man soll im Gegenteil ein möglichst breites Spektrum ausloten, das unsere Gegenwart für uns bereithält.

Das mag auf den ersten Blick widersprüchlich klingen, doch genau dieses Risiko sollten wir in Kauf nehmen. Wenn wir veraltete gesellschaftliche Tabus brechen und Grenzen überschreiten, können wir unsere Zukunft anders gestalten, als es die Generationen vor uns getan haben. Wenn wir selbst bisher bewusst verschlossen gehaltene Türen aufstoßen, um neugierig in Welten vorzudringen, die für uns verboten schienen, können wir eine Lebenslust erfahren, die ein Leben bis 100 sinnvoll, lustvoll und spannungsvoll werden lässt.

Und wir haben als erste Generation diese Chance. Denn wir sind anders. Diesem Thema wenden wir uns nun zu.

Wir machen alles anders

2

Der Zweite Weltkrieg ging 1945 zu Ende, zuerst in Europa mit der bedingungslosen Kapitulation von Nazi-Deutschland, dann im Pazifik nach den Bombenabwürfen der USA über Hiroschima und Nagasaki. Dies war der Beginn einer neuen Ära. In den USA gilt die erste Nachkriegsgeneration als die „Baby Boomers", da zwischen 1946 und 1964 die Geburtenrate massiv anstieg, um danach wieder unerklärlich schnell abzusinken. In Europa war das Wachstum der Geburtenrate bei Kriegsende nicht so ausgeprägt, weshalb diese Generation bei uns auch viel weniger Beachtung gefunden hat.

Wir Baby Boomers

Dabei sind wir zu beiden Seiten des Atlantiks gar nicht so verschieden. Im Laufe der Jahrzehnte haben sich die Kulturen immer stärker angenähert. Die Baby Boomers der USA und die gleichaltrige Generation in Europa stehen heute am selben Punkt ihres Lebens, mit ähnlichen Erfahrungen und Aussichten. Sie sind das Thema dieses Buches. Ich, der ich am 11. Juni 1945, nur einen guten Monat nach dem Kriegsende in Europa geboren wurde, bin eines der ältesten Mitglieder dieser Generation.

Wir Baby Boomers, die wir heute zwischen 38 und 56 Jahre alt sind, waren schon immer anders. Wir haben die Ängste und die schlimmsten Entbehrungen des Krieges nicht erlebt, welche selbst bei Kleinkindern unauslöschliche Spuren für das ganze spätere Leben hinterlassen haben. Wir sind in eine Zeit des Optimismus hineingeboren, für welche wir die Hoffnungsträger waren. Nie haben wir daran gezweifelt, dass wir in einer besseren Welt leben würden und dass unsere neuen Werte jenen überlegen waren, die uns frühere Generationen vorgelebt hatten.

Wir waren von Beginn an Trendsetter. Zum Beispiel in der Musik. Ich erinnere mich noch überdeutlich ans Ferienlager im Jahre 1956, als jeden Morgen als Weckmusik Bill Haleys brandneues „Rock around the Clock" in ohrenbetäubender Lautstärke per Plattenspieler durchs ganze Haus gejagt wurde. Wir wussten instinktiv, dass dies die neue Musik war, eben unsere Musik und ein vollständiger Bruch mit der Epoche davor. „Heartbreak Hotel" von Elvis, später, zu Beginn der 60er Jahre, die erste Single der Beatles – all dies wurde von uns und für uns geschaffen, und wir waren überzeugt, dass es keine kurzfristige Mode bleiben würde.

„Rock'n' Roll is here to stay", hieß es bald, und niemand war da, der das bestreiten wollte. Viele der Stars von damals – die Stones, Pink Floyd, Tina Turner – füllen nicht nur auch heute noch die größten Arenen, sie sind mit ihrer Musik Vorbilder für alle späteren Generationen geworden. Und immer, wenn eine neue Musikmode durchs Land zieht, ist es nur eine Variation zum Thema. „It's only rock 'n' roll to me", fasste es Billy Joel zusammen. Selbst die Rapper greifen mit ihren Cover-Versionen auf die Filetstücke der Rockgeschichte zurück.

Neue Werte

Noch wenige Jahre bevor wir die Bühne des Lebens betraten, wurden Jugendliche wenig beachtet. Wir waren die ersten „Teenager" – und stolz darauf. Plötzlich blickten alle auf uns und unsere neuen Ideen. Wir waren es, die einen neuen, offenen Tanzstil einführten, der mit wenigen Abweichungen bis heute die Basis von jedem Rave ist. Die Generation vor uns, vielleicht nur wenige Jahre älter als wir, konnte diesen Rückstand niemals aufholen. Das erkennt man mit einem einzigen Blick auf die Tanzfläche, wenn Kriegskinder ihre Jugendlichkeit mit ihren steifen Hüften unter Beweis zu stellen versuchen.

Und natürlich waren wir es, die die Gesellschaft revolutioniert haben. Rein zufällig landete ich im magischen Sommer von 1967 in San Francisco und erlebte in Haight Ashbury die neuartige Welt der Hippies. Es waren alles Gleichaltrige, und sie ersetzten die alten Werte durch neue, menschlichere Inhalte. Ohne zu zweifeln wussten wir alle, dass dies die Welt für immer verändert würde.

1968 ist die magische Chiffre für alle späteren Generationen geworden. Ich erlebte dieses Jahr zuerst in Europa mit den Streiks und Protestbewegungen, dann an einer amerikanischen Universität mit dem Kampf gegen die Ansprüche der Militärs, die meine Stu-

> *Unsere Generation der Baby Boomers erlebte, dass sie wirkungsvoll ins Räderwerk der Macht eingreifen konnte.*

dienkollegen nach Vietnam verfrachten wollten. Auch hier war es unsere Generation, die im Zentrum der entscheidenden Entwicklungen der Gesellschaft stand. Kaum etwas anderes prägte uns stärker als das Erlebnis, dass wir wirkungsvoll ins Räderwerk der Macht eingreifen konnten.

Die 70er Jahre boten neue, unbekannte Möglichkeiten. Das Fernsehen wurde zu einem wichtigen Medium, und die wenigen empfangbaren Kanäle erreichten sensationelle Einschaltquoten. Ich war in dieses Medium hineingerutscht und erfand für das Schweizer Fernsehen die Konsumentensendung „Kassensturz". Mit Erstaunen erkannte ich, dass die Kombination von Fernsehen und einer eingängigen Kampfbotschaft innerhalb kürzester Zeit enorme Wirkung erzielen konnte. Und wo immer ich mich umblickte, das gesamte Schweizer Fernsehen wurde getragen von Gleichaltrigen, die ebenso fasziniert wie ich unsere plötzliche Bedeutung erlebten.

Neue Karrieren

Die 80er Jahre waren für viele meiner Generation die Zeit, den Sprung ins Unternehmertum zu wagen. Computerfirmen wie Apple, Microsoft oder Oracle wurden von meinen Alterskollegen gegründet – und damit eine neue, dominierende Industrie. Ich selbst hatte die Idee für ein privates Radio, etwas, das in der verkrusteten Medienlandschaft der Schweiz bis dahin für unrealisierbar gehalten wurde. Die Entwicklung der gesamten Medienlandschaft wurde durch Menschen meiner Altersklasse eingeleitet, die zumeist auch heute noch die wichtigsten Positionen innehaben. Ebenfalls in den 80er Jahren wurde die New-Age- und

Esoterik-Bewegung zu einem gesellschaftlichen Phänomen, lanciert und geleitet von ehemaligen Hippies unserer
Generation.

Die 90er Jahre waren nicht nur die Zeit der wirtschaftlichen Krisen, sondern auch die Epoche der explodierenden Börsenkurse. Die Begriffe Aktien, Optionen, Derivate
und IPOs wurden Teil des allgemeinen Sprachschatzes,
und meine Altersgenossen sitzen heute an den Schalthe-
beln der Wirtschaft. 1994 wagte ich mich wieder in eine
neue Dimension vor, zuerst mit der Lancierung des Lokal-
fernsehens „TeleZüri", vier Jahre später mit dem nationa-
len Kanal „Tele 24".

In der Schweiz wurde 1995 mit Moritz Leuenberger zum
ersten Mal ein ehemaliger 68er nach seinem langen
Marsch durch die Institutionen in den Bundesrat gewählt.
Und Thomas Held, der wortgewaltige Anführer der
Schweizer 68er-Bewegung, wurde im Jahr 2000 zum Leiter eines neuen Think Tanks gewählt, der von der Wirtschaft mit Millionen finanziert wird. Deutschland erhielt
mit Joschka Fischer, einem ehemals radikalen Grünen,
einen neuartigen Außenminister und mit Otto Schily, der
als Anwalt Terroristen verteidigt hatte, einen ungewöhn-
lichen Innenminister. Bereits 1992 hatten die USA mit Bill
Clinton ihren ersten Rock'n' Roll-Präsidenten gewählt, der
mit seinem Lebensstil nicht nur die Traditionalisten vor
den Kopf stieß.

Solche Karrieren wären zuvor unmöglich gewesen, und
es sind nicht nur Einzelne unserer Generation, die Grenzen, die früher bestanden hatten, überschritten und neue
Maßstäbe gesetzt haben. Wir sind zum Teil über Jahrzehnte
hinweg in völlig unterschiedlichen Positionen zu Leitfigu-

ren geworden und symbolisieren gerade dadurch die Essenz unsere Altersgruppe.

Spätere Baby-Boomer-Jahrgänge, etwa diejenigen mit einem Geburtsdatum nach 1955, haben zu Recht das Gefühl, auch sie seien Kinder von 1968, auch wenn sie keine persönlichen Erlebnisse aus jener Zeit des Aufbruchs gespeichert haben. All die Jahre hindurch waren wir – „our generation", wie es David Bowie stolz nannte – also immer wieder im Zentrum der gesellschaftlichen Entwicklung. Ohne das Trauma des Krieges und zuoberst auf der jahrzehntelangen Welle des wirtschaftlichen Erfolgs konnten wir uns allerlei Eskapaden leisten. Unser Selbstbewusstsein war immer intakt. Wir wussten instinktiv, dass uns nichts wirklich schaden würde. Im Gegenteil. Die Grenzerfahrungen würden uns umgekehrt zu unbekannten Horizonten tragen – das heißt, so lange wir uns von Drogenexzessen fern hielten, die manche unserer Altersgenossen ins Elend und andere in den Tod getrieben haben.

Unsere Generation hatte nie ernsthaft fürs eigene Überleben zu kämpfen, weder im Schützengraben noch an der Arbeitsfront, falls wir Vietnam entronnen waren. Wenn wir einen Job brauchten, boten sich uns meist vielfältige Möglichkeiten. Wir konnten wählen zwischen Karriere, Jobben und Rumhängen – und viele entschieden sich zu unterschiedlichen Zeiten für jedes dieser Angebote. Die Generation vor uns hingegen war mit dem Schreckgespenst der Wirtschaftskrise und des Kriegs aufgewachsen und suchte vorzugsweise eine Anstellung mit Pensionsberechtigung, etwas, das wir zutiefst ablehnten.

Ausgemustert?

Und jetzt, da die ersten unserer Generation 50 oder 55 Jahre alt sind, sollen wir bald einmal ausgemustert werden, einfach weil wir bald jene Altersgrenze erreichen, bei der dies bisher geschehen ist? Sollen wir langsam zur Seite treten, um der nachfolgenden Generation den Platz zu überlassen, den wir uns auf unsere eigene Weise erkämpft haben? Sollen wir zum ersten Mal in unserer eigenen Geschichte unbedeutend werden, einfach weil wir etwas älter sind?

> *Die Kreativität, die unser Leben bis jetzt bestimmt hat, wird uns helfen, neue Formen für die vor uns liegende Zeit zu finden.*

Nein, niemand von uns glaubt dies ernsthaft. Wir haben bisher alles anders gemacht als die Generationen zuvor, wir werden auch jetzt unsere innovative Kraft ausspielen, angepasst an unsere vor uns liegende Lebensphase. Die Kreativität, die unser Leben bis jetzt bestimmt hat, wird uns helfen, neue Formen für die vor uns liegende Zeit zu finden. Einiges zeichnet sich bereits ab, anderes ist noch völlig unbestimmt. Die Neugier, die unsere ausgeprägteste Eigenschaft ist, wird nicht abnehmen. Im Gegenteil. Denn es geht wieder einmal nicht um die banale, ideenlose Fortsetzung des Bisherigen, sondern um die Erfindung von Neuem.

„Jeder junge Mensch glaubt, dass er ewig leben wird", schrieb Ernest Hemingway. Ich sehe das als Leitmotiv unserer Generation, und zwar weit über unsere Jugendjahre hinaus. Und wir haben dank unserer eigenen Geschichte genug Möglichkeiten, auch unser künftiges Leben spannender, sinnvoller und glücklicher zu erfahren, als wir es beim Blick auf die Generationen vor uns befürchten müssten.

Dabei müssen wir uns zuerst einmal treu bleiben. Wir selbst bestimmen, was wir mit dem Rest unseres Lebens anfangen. Doch wir müssen, vielleicht widerwillig, noch einmal hinzulernen. Wir spüren, dass wir, was auch immer wir tun sollten, es jetzt oder bald tun müssen. Sonst könnten wir den idealen Zeitpunkt verpassen. Denn je länger wir warten, desto drängender wird uns diese Frage verfolgen.

Also, machen wir uns an die Antwort. Als Erstes holen wir uns dazu einige Grundlageninformationen, warum der Mensch überhaupt altert.

Genetisches Programm

Soviel scheint bisher festzustehen: Unser Leben ist begrenzt. Auf 130 Jahre, schätzen Experten wie Georg Wick, Vorstand des Instituts für Biomedizinische Alternsforschung in Innsbruck. Denn die Natur sieht ein langes, gar ewiges Leben überhaupt nicht vor. Aber was, abgesehen von einer fatalen Krankheit, löst Verfall und Ende aus? Anders als bei einer Maschine, deren Einzelteile immer dieselben bleiben, bis sie schließlich aus Abnützung den Geist aufgibt, erneuern sich die meisten der menschlichen Körperzellen immer wieder, und zwar durch Teilung. Am deutlichsten sichtbar ist dieser Instandhaltungsprozess an Wunden, die sich durch neu gebildete Hautzellen wieder schließen, und an den Haaren, die ausfallen, um den nachwachsenden Platz zu machen. Ausgenommen von dieser Auffrischung sind nur wenige Zellenarten, etwa der Großteil der Nervenzellen oder die Zellen der Herzmuskeln.

Doch auch der Erneuerung der anderen Körperzellen ist eine Grenze gesetzt. Bindegewebs- oder Netzhautzellen etwa können sich 50- bis 70-mal teilen, dann verkümmern sie. Die Wissenschaftler sprechen von diesem Phänomen als der „Programmtheorie", denn offenbar sieht ein genetisches Programm vor, dass der menschliche Körper auf diese Weise allmählich zu Grunde gerichtet wird.

Schon lange ist bekannt, dass an diesem Prozess so genannte Telomere maßgeblich beteiligt sind. Sie sitzen wie kleine Käppchen an den Chromosomen auf, die die Erbinformation beherbergen, und steuern die Zellteilung. Aber dafür bezahlen sie einen hohen Preis: Jedes Mal werden sie dabei selbst ein Stückchen kürzer, bis sie schließlich aufgebraucht sind und die Zelle abstirbt. Vor vier Jahren machte das US-amerikanische Forscherduo Woodring Wright und Jerry Shay jedoch eine Entdeckung, die sogleich als „biologischer Jungbrunnen" gefeiert wurde: Ein Eiweiß namens Telomerase verhindert das Kürzerwerden der Telomere. Es kommt in manchen Arten von Körperzellen vor, die deshalb auch als unsterblich gelten: in den Keimzellen, in undifferenzierten Stammzellen von Blut oder Knochenmark sowie in Krebszellen. Versuche haben gezeigt, wie wirkungsvoll Telomerase ist: Wird das Enzym zum Beispiel in Hautzellen eingeschleust, teilen sie sich ungehindert immer weiter. Doch der Enthusiasmus über den vermeintlichen Schlüssel zur Unsterblichkeit – der sich unter anderem in einer 44-prozentigen Steigerung der Aktienkurse der Geron-Corporation, in der die Entdeckung gemacht wurde, äußerte – wurde bald wieder gedämpft. Denn die von außen beeinflusste uneingeschränkte Zellteilung birgt eine tödliche Gefahr: die Entartung in Krebszellen, die sich ohne jede Kontrolle immer weiter vermehren und so dem Organismus zum Verhängnis werden.

Tödliche Fehler und Freie Radikale

Daneben gibt es noch andere Mechanismen, die dem Organismus zusetzen und ihn schließlich seiner Lebensfähigkeit berauben: Die Anhänger der „Mutationstheorie" verweisen auf die Tatsache, dass es im Laufe des Lebens einer Zelle immer öfter zu Veränderungen in ihrem Erbgut („Mutationen") kommt, die anschließend bei jeder Zellteilung weitergegeben werden – bis zu dem kritischen Punkt, an dem die Zelle zu Grunde geht. Zwar stehen im Körper Mechanismen zur Verfügung, die solche Mutationen rückgängig machen, doch einige Veränderungen sind resistent. Und dies hat auch sein Gutes. Denn nur so ist es möglich, dass sich Organismen verändern und Umweltbedingungen anpassen.

Vertreter der „Verschleißtheorie" wiederum machen so genannte „Freie Radikale" zur Wurzel des Alterungs-Übels. Solche Moleküle entstehen dauernd im Körper, wenn ihnen, durch den Einfluss von Schadstoffen oder durch ganz normale Stoffwechselvorgänge, ein Elektron abhanden kommt. Um den Verlust zu ersetzen, binden sie sich an andere Moleküle und setzen damit eine Kettenreaktion in Gang, die schließlich den Tod einer Zelle hervorrufen kann. Als Mittel gegen die Entstehung von Freien Radikalen gelten vor allem die Vitamine A, E und C, die in letzter Zeit als Antioxidantien Karriere gemacht haben. Doch noch sind die Dosierungsangaben nicht restlos erforscht. Zu viel des Guten, so hat sich herausgestellt, kann mehr schaden als nützen. Eine Überdosierung etwa von Vitamin A setzt den fatalen Oxidationsprozess erst so richtig in Gang.

Dass auf alle im Körper ablaufenden Mechanismen von außen so eingewirkt werden kann, dass der menschliche Organismus über eine gewisse Zeitspanne hinaus uneingeschränkt funktionstüchtig bleibt, ist bis dato also ziemlich ausgeschlossen. Doch es liegt wenigstens bis zu einem gewissen Teil in unsrer Hand, lange Jahre gesund und fit zu bleiben. Wie wir das anstellen können, zeigen die nächsten Kapitel.

Man nehme... 3

Seit Jahren mache ich beim Frühstück in Hotelrestaurants immer wieder denselben Test: Ich schaue zuerst auf die Teller auf anderen Tischen und erst dann auf die Personen, die davor sitzen. In den allermeisten Fällen lande ich einen Treffer. Die Müsli- und Früchte-Esser sind schlank und sportlich, diejenigen, die sich Speck, Würste, Kartoffeln und Käse aufs Tablett laden, sind fast immer übergewichtig. So einfach ist das mit der Ernährung. Ursache und Wirkung sind klar erkennbar. So wie man sich ernährt, so sieht man aus.

Wir wissen das alle. Seit Jahren werden die Grundlagen der modernen Ernährung in allen Medien ständig wiederholt. In den USA etwa kann man sich diesen Informationen nirgends mehr entziehen, und trotzdem sieht man bei einem Besuch in Floridas Disneyworld mehr extrem übergewichtige Menschen als sonstwo auf der Welt. Warum allerdings gerade die Amerikaner so viel (und so fettreich) essen, wurde mit keiner Studie bislang schlüssig geklärt. Doch auch in anderen Teilen der Welt ernähren sich viele Menschen falsch.

Dabei geht es bei der Frage um das richtige Körpergewicht um drei ganz essenzielle Dinge: um die Gesundheit, um das Aussehen und um die Lebenserwartung – je nach Standpunkt nicht unbedingt in dieser Reihenfolge.

Die Wundermethoden

Beginnen wir mit der Lebenserwartung. Wissenschaftlich ist noch nicht im Detail geklärt, weshalb manche Menschen älter werden als andere. Erst zwei Faktoren wurden ganz klar isoliert: einerseits die Erbanlagen und andererseits das Gewicht. Übergewichtige Menschen leben durchschnittlich weniger lang als schlanke. Denn die charakteristischen Folgewirkungen des Übergewichts – etwa Bluthochdruck und hoher Cholesterinspiegel – belasten den Organismus übermäßig. Das Wissen über diesen Zusammenhang ist mittlerweile weit verbreitet. Doch ein rationaler Umgang damit ist bislang nicht in Sicht.

In den USA sind Buchtitel zum Thema Ernährung regelmäßig an der Spitze der Bestsellerlisten. Die Sucht nach Büchern zu diesem Thema scheint beinahe ebenso stark wie die Sucht nach übervollen Tellern. Langlebigkeit steht bei den meisten dieser Ratgeber nicht im Mittelpunkt, sondern es sind die unmittelbaren Probleme wie Aussehen und Gesundheit. Millionen Menschen haben einen unstillbaren Appetit auf neue Wundermethoden für diese scheinbar drängendste aller Gegenwartsfragen. Da gibt es immer wieder Publikationen über die Methode von Dr. Atkins oder jene von Montignac aus Frankreich. Die von Dr. Barry Sears entwickelte „Zone Diet" ist seit einiger Zeit die trendigste Diät mit der verlockenden Werbebotschaft, dass eine

Ernährung entlang genau definierter „Zonen" von Proteinen, Kohlehydraten und Fetten und die Unterscheidung zwischen „guten" und „schlechten" Fetten sowie zwischen besseren und schlechteren Kohlehydraten einen auf gleiche Ebene wie Hollywood-Stars stellt. Und der amerikanische Ernährungs-Guru Andrew Weil verdammt diese Heilslehren allesamt als zu stur und zu unpraktisch, um seine eigenen Erkenntnisse dagegenzustellen.

Ich selbst kann keine dieser rigiden Maßnahmen empfehlen – nicht nur weil ich keine einzige von ihnen ausprobiert habe. Ich glaube nämlich, dass der gesunde Menschenverstand in Bezug auf die heute allgemein verfügbaren Ernährungsgrundlagen vollauf genügt und dass man sich kein starres Schema auferlegen muss, um sein Idealgewicht zu erreichen oder

> *„Wundermethoden" bei der Ernährung sind nicht notwendig, der gesunde Menschenverstand reicht völlig aus.*

zu halten. Wir wissen inzwischen genug über die grundsätzlichen Wirkungen von Rohkost, Gemüse, rotem Fleisch und Fett. Wir wissen seit Jahren, was zuträglich ist und was nicht, und müssen nicht laufend auf neue grundlegende Erkenntnisse umschwenken, die eine unnatürliche, restriktive Ernährung zwingend vorschreiben. Wir sollten uns auf eine ausgewogene Kost konzentrieren, mit den vorgeschlagenen Anteilen an Eiweiß, Fett und Kohlehydraten, und uns nicht einseitig nur von Käse oder nur von Spagetti ernähren, wie das manche Diäten mit beschwörenden Appellen suggerieren.

Schwierig ist nur, sich in den emotionalen Wellenbewegungen des Alltags bewusst an diese bereits erlernten Empfehlungen zu halten. Und noch schwieriger ist es, Essgewohnheiten dauerhaft zu ändern, ohne immer wieder, und vor allem in emotionalen Stresssituationen, in falsche Richtungen abzudriften. Dies aber ist ein wichtiger Teil des Lernprogramms auf dem Weg zur Lebenslust bis 100.

Wer sich die modernen Ernährungserkenntnisse zu eigen macht, so dass sie nach einiger Zeit zu Automatismen werden, tut das Richtige. Der Weg dahin kann, wenn die bisherigen Essgewohnheiten völlig anders gewesen sind, hart sein, denn der Verlockungen sind viele. Aber ohne gesunde Ernährung – das ist sonnenklar – können alle anderen hier im Buch vorgeschlagenen Programme für ein gesundes, aktives und langes Leben nicht richtig greifen.

Warum nicht vegetarisch?

Beinahe zufällig bin ich Vegetarier geworden. Vor über 15 Jahren verbrachte ich einige Zeit in Jamaika, und damals gab es in der ganzen Umgebung außer Huhn kein Fleisch. Nach der Ankunft in Miami steuerte ich schnurstracks aufs erste Steakhouse zu, um mich in den USA menümäßig stilgerecht einzuführen. Als ich mich halb durch das riesige Stück roten Fleischs auf meinem Teller durchgekämpft hatte, realisierte ich, dass es mir gar nicht so richtig schmeckte. Die Realität des halb rohen Fleischs und meine karibischen Wunschvorstellungen vom unvergleichlichen amerikanischen Essgenuss lagen weit auseinander. Und so entschied ich mich in diesem Augenblick in dieser Cafeteria des Sheraton-Hotels in Bal Harbour, vor diesem nur halb vertilgten Steak, kein Fleisch mehr zu essen – und dies halte ich seither aufrecht. Hin und wieder überprüfe ich meine

Entscheidung, indem ich Fleisch bestelle. Da ich weder aus religiösen noch aus ethischen Gründen zu meinem Entschluss gekommen bin, kann ich dies tun. Und jedes Mal mache ich dieselbe Erfahrung: Ich kann wunderbar ohne Fleisch leben.

Vegetarier leben gesünder, das gilt als erwiesen. Viele Menschen sind in den letzten Jahren zu dieser Überzeugung gekommen, andere haben ihren Konsum von rotem Fleisch massiv eingeschränkt. Das benötigte Eiweiß beschaffen sie sich auf andere Weise. Beispielsweise bietet Fisch sehr viel Eiweiß, und insbesondere fetter Fisch wie Makrele oder Lachs enthält zudem die gesundheitsfördernde Omega-3-Fettsäure. Etwa 200 Gramm von diesem fetten Fisch pro Woche reduzieren das Risiko, einen Herzinfarkt oder einen Schlaganfall zu erleiden, deutlich.

Problem Alkohol

Die negativen Wirkungen des Alkohols auf Körper und Geist sind vielfach ausführlich beschrieben worden. Übermäßiger Alkoholkonsum ist auch heute noch die Volkskrankheit Nummer eins, wobei die Wirkungen von Wein, Bier und Schnaps mit zunehmendem Alter stärker werden, weil der Körper den Alkohol immer schlechter absorbieren kann. Der in den letzten Jahren stagnierende oder gar rückläufige Verbrauch von Bier und Spirituosen scheint allerdings darauf hinzuweisen, dass sich eine wachsende Zahl von Menschen der Negativeffekte von Alkohol bewusst wird und etwas zurückhaltender mit alkoholischen Getränken umgeht. Heute muss man sich nicht mehr entschuldigen, wenn man bei einem formellen Essen oder einer Party ganz oder weitgehend auf Alkohol verzichtet, und das ist gut so.

Aber seit Studien aufgezeigt haben, dass etwa ein mäßiger Genuss von Rotwein die Gesundheit sogar fördern kann, trinken auch gesundheitsbewusste und sportliche Menschen häufig und ohne Schuldgefühle ein Glas oder auch zwei am Abend. Ich selbst gehöre dazu, auch wenn ich weiß, dass manche dieser Studien ganz klar von der interessierten Industrie gesponsert wurden. Joschka Fischer ist auch hier viel konsequenter. In seinem Buch „Der lange Lauf zu mir" beschreibt er mit einigem Stolz, wie er selbst die Degustation von Château Petrus, dem teuersten Wein der Welt, locker verweigert habe. Kein Alkohol, keine Süßigkeiten – ganz konsequent. Eben von einem Extrem ins andere...

Wer gern ein Gläschen trinkt, sollte sich aber im Klaren darüber sein, dass Alkohol den Körper entwässert, dass er also wie viele andere Getränke diuretisch wirkt. Das heißt, je mehr Alkohol wir trinken, desto höher ist der Bedarf an Wasser, das wir zu uns nehmen müssen. Da die meisten Menschen in unserem Alter allgemein sowieso zu wenig Wasser trinken, um den Bedürfnissen des eigenen Körpers gerecht zu werden, kann also der Alkoholgenuss dieses Problem verstärken, ohne dass man sich dessen bewusst ist.

Wasser ist Leben

Der Körper eines neugeborenen Babys besteht zu 90 Prozent aus Wasser, jener eines alten, körperlich geschwächten Menschen nur noch zu 40 Prozent. Der Prozess des Altwerdens ist also nicht zuletzt ein Prozess des Austrocknens, was sich am sichtbarsten in der Veränderung der Haut manifestiert, die auch aufgrund des geringeren Feuchtigkeitsgehalts immer mehr runzelt.

Also: in jedem Fall dem Körper bewusst viel Flüssigkeit zuführen, und zwar in Form von möglichst reinem Wasser, von dem man den ganzen Tag über immer wieder ein Glas trinkt, insgesamt zwei bis drei Liter. Ausweichgetränke gibt es eben kaum, denn auch Schwarztee (im Gegensatz zu Grüntee und Kräutertee) und Kaffee weisen lästigerweise eine entwässernde Wirkung auf.

> *Wasser ist das wichtigste Heilmittel – auch wenn es wenig spektakulär erscheinen mag.*

Wasser wird also zum wohl wichtigsten Heilmittel auf dem Weg zu Lebenslust bis 100, auch wenn dies so überhaupt nicht geheimnisvoll oder spektakulär erscheinen mag. Aber manchmal sind die grundlegenden Dinge eben einfach die wichtigsten.

Maßstab Fettanteil

Wer nicht übergewichtig ist, sieht besser aus und entspricht dem heutigen Schönheitsideal, das sich bei Männern immer stärker dem „schwulen Ideal" nähert, wie der Modeschöpfer Wolfgang Joop richtig bemerkt. Aber wenn man älter wird, gibt es einiges zu berücksichtigen. Wer die 40 überschritten hat, braucht gar nicht erst zu versuchen, auf einen Waschbrettbauch hinzuarbeiten. Er hat nicht den Hauch einer Chance, es in diesem Fach mit Brad Pitt aufzunehmen. Denn der Körper verändert sich mit dem Alter. Männer entwickeln einen Bauchansatz, Frauen werden um

die Hüften fülliger. Diese Entwicklung ist kaum ganz aufzuhalten, außer man ist deutlich untergewichtig. Selbst mit
gezieltem Bauchtraining kann man diese ungeliebten Pols-
ter nicht vollständig wegbringen, auch wenn dies die Her-
steller der verschiedensten Geräte versprechen.

Der Grund ist eine Veränderung im Körper im Laufe der
Jahre. Zwischen dem 40. und dem 80. Lebensjahr verlieren
Männer in jedem Jahrzehnt etwa fünf Prozent ihrer Muskelmasse. Während also die Muskelmasse massiv schwin-
det, nimmt die Fettmasse um 50 Prozent zu.

Anders dargestellt: Ein Mann von 25 Jahren, der 70 Kilo
wiegt, hat einen Fettanteil von zehn Prozent. Wenn er bis
75 sein Gewicht halten kann, hat sein Körper zehn Kilo
Muskeln in Fett umgewandelt. Dies ist unter anderem eine
Funktion der Verminderung gewisser körpereigener Hormone. Doch nur die wenigsten halten ihr Gewicht. Im
Durchschnitt nehmen die Männer in den Industrieländern
zwischen dem 20. und dem 60. Lebensjahr 20 Kilo zu, d.h.,
der Fettanteil ist durch die Addition der beiden Faktoren
beträchtlich höher als damals in der Blüte der Jugend.

Während des Trainings für einen Marathon redüziere ich
mein Gewicht um höchstens zwei, drei Kilo, und zwar von
einem Ausgangspunkt, der etwa ebenso viele Kilo über
dem Normalgewicht liegt. Denn das intensive Training
verlangt die Aufnahme von viel Kalorien, vor allem in
Form von Kohlehydraten und Proteinen, die für das
Wachstum der Muskeln gebraucht werden.

Gleichzeitig verringert sich durch das Training der Fettanteil im Körper und damit die Körperfülle, denn Muskeln
sind rund doppelt so schwer wie Fett. Das heißt, dass ein
Kilo Muskeln nur die Hälfte des Volumens von einem Kilo

Fett hat. So kann ich meinen Gürtel auf dem Höhepunkt des Trainings eins, zwei Löcher enger schnallen, auch wenn die Waage beinahe dasselbe Gewicht wie vorher anzeigt. Ich fühle mich nicht nur schlanker, ich bin es auch, selbst wenn ich kaum leichter bin.

Nicht nur das Gewicht allein sollte zum Maßstab genommen werden, mindestens ebenso wichtig ist der Fettanteil im Körper.

Das heißt, es ist nicht das Gewicht allein, welches als Fetisch für die eigene Befindlichkeit wahrgenommen werden sollte; mindestens ebenso wichtig ist der Fettanteil, welcher heute routinemäßig gemessen werden kann. Als Faustregel gilt, dass etwa die so genannten „love handles" an der Hüfte des Mannes und Cellulite bei der Frau Zeichen für einen tendenziell zu hohen Fettanteil sind. Wer hingegen abnimmt, ohne körperlich aktiv zu sein, verringert nicht nur den Fettanteil, sondern auch die Muskelmasse – und das ist unerwünscht.

Gewicht und Lebenserwartung

Welchen Einfluss hat nun aber das Gewicht auf die Lebenserwartung? Einen sehr großen, vielleicht einen größeren, als einem lieb sein kann, wenn man gerne hie und da über die Stränge schlägt.

Studien weisen nämlich darauf hin, dass die Beschränkung der Kalorienaufnahme und die Reduktion des Körpergewichts die bisher wirkungsvollste Methode ist, um das eigene Leben zu verlängern. Dies hat etwa Dr. Roy Walford mit seinem Biosphere II-Projekt nachgewiesen.

Er bezeichnet als ideales Körpergewicht eines, das rund zehn bis 25 Prozent unter jenem Gewicht liegt, bei dem sich der Körper auf natürliche Weise über längere Zeit stabilisiert hat, das heißt ohne Diät und ohne besondere Gewichtszunahme. Im Klartext bedeutet dies für alle Normalgewichtigen, dass sie aktiv massiv Gewicht verlieren sollen – und dies ist natürlich nur mit der wirkungsvollsten Maßnahme möglich: viel, viel weniger essen!

Walford schlägt dazu für die meisten Menschen eine Aufnahme von täglich nur noch 1800 Kalorien vor – ein zugegeben ziemlich schwieriges Unterfangen, dem sich die meisten von uns nicht unterziehen möchten –, das Leben wird dann zwar möglicherweise länger, aber doch recht bescheiden. Aber auch Barry Spears, Erfinder der Zone-Diät, bezeichnet die Reduktion der Kalorieneinnahme als die wirkungsvollste aller Methoden, um den Alterungsprozess aufzuhalten, und zitiert dazu nicht nur eine Vielzahl von Tierstudien, die in den letzten 60 Jahren durchgeführt wurden, sondern auch Untersuchungen an Menschen. So ist zum Beispiel die Lebenserwartung der Bewohner in Okinawa beträchtlich höher als im übrigen Japan, obwohl die Nahrung dieselbe ist. Unterschiedlich ist hingegen die Kalorienaufnahme, die in Okinawa signifikant geringer ist.

Aber selbst wenn man diese Ratschläge nicht uneingeschränkt befolgen will, die Richtung ist jedenfalls klar: Mit niedrigerem Gewicht lebt man länger als mit höherem, und die meisten Mitglieder unserer Generation schleppen tatsächlich einige Kilo zu viel mit sich herum.

Umgekehrt sollte man rein aus optischen Gründen nicht ins Magerkeits-Extrem verfallen. Die runtergehungerten Extremsportler in unserem Alter, die man bei gewissen Ausdauerveranstaltungen sieht, sind alles andere als eine

Augenweide. Hal Higdon, einer der Marathon-Gurus der USA, schreibt in „Marathon. The Ultimate Training Guide" über sich selbst, dass er erst zufrieden gewesen sei, als sich seine Schwiegereltern Sorgen gemacht haben, er sei zu dünn.

Doch in Bezug auf das eigene Gewicht sollte nicht die Ansicht der Schwiegereltern ausschlaggebend sein – auch wenn sie in diesem Fall wohl richtig lagen! Wir selbst sollten den Punkt finden, an dem wir uns im wahrsten Sinne des Wortes im Gleich-Gewicht befinden, und zwar in Kenntnis aller Faktoren. Manchmal ist es etwas mehr, dann wieder etwas weniger, und weder das eine noch das andere ist eine Katastrophe, die unsere Tage verdunkeln sollte.

Vitamine – wenig gesicherte Erkenntnisse

Vitamine gelten als Zaubermittel schlechthin. Heute wird allgemein propagiert, zusätzlich zu den Vitaminen, die man mit einer als gesund definierten Nahrung aufnimmt, Vitamin- und Mineralzusätze zu sich zu nehmen. Die Vielfalt des Angebots ist beinahe unüberblickbar. In den USA, wo dieser Kult natürlich zu seiner höchsten Blüte entwickelt wurde, finden sich auf endlosen Gestellen in riesigen Vitamin-Shops die exotischsten Wirkstoffe und deren Kombinationen, und immer mehr von diesem Trend schwappt auch nach Europa herüber.

Bestseller-Autor und Fitnesspapst Ulrich Strunz verordnet eine Unzahl von Vitamin- und Mineralzusätzen, die er praktischerweise im Direktversand gleich selbst anbietet. Ohne auch nur den Hauch eines Zweifels werden die detaillierten Wirkungen dieser Vitamine beschrieben und zum Gebrauch empfohlen.

Vitaminzusätze sind jedoch nicht unumstritten. Brigitte Naumann, Ernährungswissenschaftlerin vom Europäischen Institut für Lebensmittel und Ernährungswissenschaften, meinte in einem Interview in der „SonntagsZeitung", dass eine ausgewogene Ernährung völlig ausreiche, und weist umgekehrt auf die schädlichen Wirkungen von hohen Dosierungen hin, vor allem bei Vitamin A und Beta-Carotin.

Völlig gegenteiliger Meinung ist Dr. Terry Grossman, der in Colorado seit Jahren eine Klinik betreibt, die sich der Anti-Aging-Forschung widmet. Er verschreibt seinen Patienten Vitamindosen, die in vielen Fällen beträchtlich höher sind als die staatlich festgelegten täglichen Bedarfsmengen, so vor allem bei den verschiedenen B-Vitaminen, bei Vitamin C und E. Diese Vitamin- und Mineralienzusätze kann man nicht mit einer einzigen Multivitamin-Tablette zu sich nehmen, sondern man benötigt dazu vier bis zehn Tabletten pro Tag. Einig ist sich Grossman mit Brigitte Naumann allein in der Warnung vor einer zu hohen Dosierung bei Vitamin A und Beta-Carotin.

Die internationale Forschung in diesen Bereichen kommt laufend zu neuen Ergebnissen, wobei die Langzeitwirkungen für den Alterungsprozess von Vitaminen noch nicht vollständig und eindeutig erkannt sind – eben weil es dazu Studien bedarf, die sich über mehrere Jahrzehnte erstrecken. Überhaupt hat man noch erstaunlich wenig klare Erkenntnisse darüber, wie Vitamine wirken und welches die optimalen Dosierungen sind. Bei vielen Vitaminen ist zwar die empfohlene Tagesdosis bekannt, die notwendig ist, um zu überleben und um Mangelerscheinungen zu verhindern. Selbst diese Angaben aber sind in verschiedenen Staaten unterschiedlich, werden von den Behörden laufend überarbeitet und durch neue Empfehlungen ersetzt. Noch weniger weiß man, welche Mengen notwendig sind, um einen optimalen Nutzen für die Gesundheit und die Vitalität zu erreichen.

Allerdings gibt es immer deutlichere Indizien, dass die wichtigsten Vitamine zusätzlich zu ihren bekannten Kurzzeitwirkungen auch den Alterungsprozess bis zu einem gewissen Grad verlangsamen. Es ist vor allem die antioxidative Wirkung, die manche Vitamine so wertvoll macht. Sie bekämpfen die so genannten freien Radikale, Moleküle, die für den Zelltod mit verantwortlich sind, den Körper schwächen und ihn so für schwerwiegende, lebensbedrohende Krankheiten anfällig machen und ihn alt werden lassen.

Wir haben leider nicht die Zeit, auf gesicherte Erkenntnisse zu warten.

Soll man also darauf warten, bis definitive Forschungsresultate über die Langzeitwirkungen vorliegen? Sorry, dazu haben wir keine Zeit. Das können die Generationen nach uns tun. Wenn wir zu lange zögern, verpassen wir mit größter Sicherheit eine billige, einfache und mit höchster Wahrscheinlichkeit auch risikolose Methode, die uns helfen kann, ein längeres, aktiveres und gesünderes Leben zu führen. Was nützt es mir, wenn ich in zwanzig Jahren erfahre, dass ich mit einer höheren Dosierung von Vitamin X das Risiko der Krankheit Y um 50 Prozent hätte vermindern können?

Aus diesem Grund nehme ich täglich mehrere hochwertige Vitamin- und Mineralzusätze zu mir. Absolut notwendig sind Zusätze von Vitamin A, Beta-Carotin (nicht in übermäßigen Dosen), Vitamin C, E, K, B1 (Thiamin), B2 (Riboflavin), B3 (Niacin), B6 (Pyridoxin), B12 und Folsäure. Nicht fehlen dürfen Zusätze von Kalzium, Chrom, Kupfer, Magnesium, Selen und Zink. Vor allem bei den Vitaminen C und E dosiere ich hoch und nehme diese Vitamine neben einigen Mineralien täglich zusätzlich zum Multivitamin-Präparat. Allerdings, und das muss betont werden: Wer meint, bloß mit Vitamin- und Mineralstoffpräparaten seinem Körper genug Gutes zu tun, und bei einer Kost aus Fertiggerichten und Fastfood bleibt, liegt falsch. Gegen den Raubbau, den die falsche Ernährungsweise bewirkt, kann auch der beste Nahrungszusatz nichts ausrichten.

Zudem beobachte ich, was mir gut tut und was nicht. Und ich verfolge die Forschung in diesem Bereich, die wegen ihrer Bedeutung für ein ganz breites Publikum in den immer üppigeren Wissenschaftsrubriken von Zeitungen und Zeitschriften vorgestellt wird.

Heilkraft aus der Natur

Wirkungsvolle Heilmittel bietet auch die Natur. Zum Teil werden diese Mittel seit Jahrhunderten gegen allerlei Gebrechen eingesetzt. Eines dieser Mittel ist Johanniskraut, das seit der Zeit des antiken Griechenlands bei einer Vielzahl von Krankheiten verordnet wurde, angefangen bei Leber- und Verdauungsproblemen bis hin zu Hysterie, Übergewicht und Schlaflosigkeit. Richtig in Mode kam Johanniskraut ab 1984, als es in Deutschland auf Grundlage von In-vitro-Studien als ein natürliches, mildes Antidepressivum bewilligt wurde. Neueste Studien von Dr. Richard Shelton in den USA, die im „Journal of the American Medical Association" veröffentlicht wurden, scheinen nun aber den Schluss nahe zu legen, dass diese Wirkungen in wissenschaftlich sauberen Tests nicht nachgewiesen werden können. Unter anderem das US-amerikanische „Time Magazine" rät deshalb von der Einnahme von Johanniskraut ab, wenigstens bis Langzeituntersuchungen zu gegenteiligen Resultaten führen.

Ähnliche Vorbehalte gibt es in Bezug auf die Wirksamkeit von Mittelchen wie Gelee Royal und Bienenpollen. Auch die seit Urzeiten verwendeten mystisch verklärten Misteln, die vor allem bei Krebspatienten angewandt werden, sind in letzter Zeit ins Zwielicht geraten. Neue Studien in den USA deuten darauf hin, dass Misteln nicht nur wirkungslos sind, sondern im Gegenteil gewisse negative Wirkungen haben können.

Also selbst bei Naturprodukten, die seit grauer Vorzeit verwendet werden, gilt es, mit offenen Augen kritisch zu bleiben.

Hormone – die Wundermittel?

Gilt das Gleiche auch für Hormone wie zum Beispiel das Steroidhormon Dehydroepiandrosteron (DHEA) und Melatonin? Ja. Die Langzeitwirkungen der regelmäßigen Einnahme von DHEA und Melatonin sind nicht genügend untersucht. Bekannt ist bisher, dass beispielsweise eine tägliche Einnahme von DHEA oder Melatonin dazu führen kann, dass der Körper die Produktion dieser Substanzen reduziert, was bestimmt nicht erwünscht ist. Sogar der

Hormon-Prophet Terry Grossman warnt vor einer dauernden Einnahme von DHEA und empfiehlt nur ganz niedrige Dosen von Melatonin, die man jedenfalls nur hie und da zu sich nehmen sollte. Umgekehrt scheint es, dass diese in den 90er Jahren als Wundermittel angepriesenen Hormone gar nicht alle der versprochenen Effekte haben.

Melatonin nehme ich im Bedarfsfall zur Verhinderung von Jetlag und hie und da als Schlafmittel, beides Anwendungen, welche heute gut erforscht sind und empfohlen werden.

Die Verschreibung von Östrogen ist bei Frauen in einem gewissen Alter weit verbreitet, auch wenn man in den letzten Jahren etwas zurückhaltender geworden ist, obwohl die positiven Wirkungen zur Bekämpfung der Osteoporose und von Wechseljahr-Beschwerden gut dokumentiert sind. Das männliche Hormon Testosteron wird in verschiedensten Formen verabreicht, seit kurzem auch mittels Hautpflaster. Künstlich zugeführtes Testosteron hilft vor allem Männern mit sehr niedrigem Testosteronspiegel, nicht jedoch jenen, die einen mittleren Testosteronspiegel erhöhen möchten. Der männliche Körper selbst bildet Testosteron vor allem beim Sex und beim Sport – beides Tätigkeiten, die, wie in diesem Buch beschrieben, auch von unserer Generation möglichst ausgiebig betrieben werden sollten und die jede Form der künstlichen Testosteron-Zuführung um Längen schlagen.

In den USA hat sich ein ganzer Wirtschaftszweig gebildet, der das Altern nicht mehr als Prozess, sondern als Krankheit behandelt, also als eine Mischung von Mangelerscheinungen, die vor allem mit Wachstumshormonen korrigierbar sind. Ronald Klatz, Präsident der „American

Academy of Anti-Aging Medicine" und sehr erfolgreicher Buchautor, sieht in den Wachstumshormonen das Allheilmittel gegen das Altern und sagt voraus, dass die Umkehrung des Alterungsprozesses in den nächsten fünf bis fünfzehn Jahren möglich wird. „Aber der Zug verlässt jetzt den Bahnhof, und jeder über 35 muss sofort aufspringen", sonst ist es zu spät, warnt er.

> Es hat sich bereits ein ganzer Wirtschaftszweig gebildet, der das Altern nicht mehr als Prozess, sondern als Krankheit behandelt.

Der Schauspieler Nick Nolte ist wie viele seiner Berufskollegen, die aus professionellen Gründen den Alterungsprozess möglichst lange hinausschieben möchten, ein Konsument dieser Versprechungen. Er lässt sich laut Zeitungsberichten für Tausende von Dollars pro Monat mit Wachstumshormonen, mit ausgetauschtem Blut und einer Unzahl von Vitaminen und Mineralien voll pumpen und findet über alldem kaum mehr Zeit für ein normales Leben.

Wachstumshormone (HGH, Human Growth Hormone, deutsch: STH, Somatotropes Hormon) können zu stärkeren Muskeln führen, während gleichzeitig Fett abgebaut wird, verkünden die Hormon-Propagandisten. Der Bierbauch schmilzt auf magische Weise, wird suggeriert, und zwar ohne Schweiß treibenden Sport oder teure und nicht immer ungefährliche Methoden wie das Fettabsaugen. Aber das ist nicht alles. Über eine bessere Sexualität, höhere sportliche Leistungsfähigkeit bis zur Bekämpfung der allermeisten Krankheiten sollen Wachstumshormone, die neue Wunderdroge, dienlich sein. Dr. Edmund Chein, Buchautor und Leiter einer Klinik in Palm Springs in Kalifornien, nennt das Wachstumshormon HGH das „Meisterhormon".

Der HGH-Spiegel beträgt bei einem 40-Jährigen nur noch 40 Prozent dessen, was ein 20-Jähriger an Hormonen im Körper hat. Die Abnahme der HGH-Produktion des Körpers setzt sich fort, und die HGH-Werte sinken im Alter von 80 Jahren auf nur 5 Prozent der früheren Höhe. Verschiedene Symptome des Alterns werden zumindest teilweise als Folge der Abnahme dieses HGH-Spiegels verstanden, weshalb viele empfehlen, das Hormon von außen aufzunehmen.

Es gibt bis heute allerdings keine Standarddosen, in denen HGH verordnet wird. Offenbar ist die Wirkung dieses Hormons individuell verschieden, so dass bei jeder Person die richtige Anwendung vom Arzt erst herausgefunden werden muss. HGH per Internet – nein danke, trotz der vielen verlockenden Angebote!

Wer sich im Internet unter dem Sammelbegriff „Human Growth Hormones, HGH" umschaut, der kriegt schnell eine Gänsehaut. Da werfen sich die einzelnen Institute und Firmen im Wachstumshormon-Business gegenseitig Fehler in der Dosierung und den verordneten Substanzen vor und warnen dringend vor Anwendungen, die noch vor kurzem lautstark propagiert wurden. Die ganze Branche bietet ein chaotisches Bild, das auf diese Weise den tatsächlichen Stand der Erkenntnis wiedergibt: Man ist erst in einer Experimentierphase und geht ohne gesicherte, langjährige Erfahrungen vor, um bereits heute das große Geschäft zu machen. Die vollmundigen Versprechungen können aber noch nicht eingelöst werden.

In falscher Dosierung kann die Einnahme von HGH nämlich zu verschiedenen unangenehmen Nebenwirkungen führen wie etwa zu Diabetes oder hohem Blutdruck.

Der Missbrauch von HGH birgt auch das Risiko des Herz-
versagens in sich oder kann zu Akromegalie führen, bei der
verschiedene Körperteile anormal groß werden, etwa
Hände, Zehen, Schädel oder Nase. Um diese Nebenwirkungen zu reduzieren, hat Edmund Chein die Dosis für
seine Patienten laufend verringert. Da HGH beim Verdau-
ungsprozess zerstört wird, kann es bisher nicht oral einge-
nommen werden, sondern muss mittels Injektionen verabreicht werden, was vielfach als unangenehm empfunden
wird. Neuerdings gibt es das Hormon auch als Spray, was
die Applikation natürlich enorm vereinfacht. Aber noch ist
nicht sicher, wie die Wirkungsweise dieser Form der Ver-
abreichung ist.

Langjährige Studien des amerikanischen National
Institute on Aging, die bislang noch nicht abgeschlossen
sind, sollen in den nächsten Jahren Klarheit bringen,
welches die Wirkungen und Nebenwirkungen von HGH
genau sind. Denn die Effekte sind noch nicht zur Gänze
bekannt, wie Jeanne Wie und Sue Levkoff in ihrem
Standardwerk „Aging Well" zusammenfassen. Deshalb
wird vor der Einnahme von Wachstumshormonen heute
noch gewarnt, sogar von Terry Grossman, der für unsere
Generation bessere, wirkungsvollere Methoden vorschlägt, welche in den nächsten Jahren entwickelt werden dürften.

In den nächsten Jahren werden wir sicher ein Arsenal
von Substanzen zur Verfügung haben, die den Alterungsprozess nicht nur aufhalten, sondern auch teilweise rückgängig machen können. In vielen Studien wurden solche
Wirkungen bereits gezeigt, allerdings sind zurzeit immer
noch gewisse Risiken damit verbunden. Neue Substanzen

und Applikationen werden in sicherer Form auf Grund langjähriger wissenschaftlicher Erforschung auf den Markt gelangen.

Unsere Generation wird bald davon profitieren können, aber es gibt keinen Grund, sich bereits heute panikartig auf Methoden zu stürzen, die auch im deutschen Sprachraum immer öfter angeboten werden. So sind in den letzten Jahren auch in unseren Breitengraden elegante Kliniken gegründet worden, die eine wohlhabende Klientel mit dem Versprechen der ewigen Jugend für teures Geld anziehen. Mit ihren erworbenen finanziellen Möglichkeiten sollen die „Patienten" nicht nur teure Kleider und schöne Häuser kaufen, sondern auch gleichzeitig ohne eigene Anstrengung die höchsten aller Güter: Schönheit und Jugendlichkeit.

Wer sich darauf nicht einlassen will, kann jetzt schon selbst seinen körpereigenen HGH-Spiegel ankurbeln, indem er viel Sport betreibt, gut und ausreichend schläft und nicht übergewichtig wird. Der Wachstumshormon-Prophet Ronald Klatz weist in seinem Buch „Grow Young with HGH" darauf hin, dass sich der Rückgang der körpereigenen Wachstumshormone im Laufe des Alterungsprozesses vermindern lässt, wenn man sich kein Übergewicht zulegt und sich einem intensiven körperlichen Training unterzieht – also all das tut, was zu einem vernünftigen Lebensstil gehört. Wichtig ist auch der Schlaf, denn gerade in der nächtlichen Ruhephase werden die körpereigenen Wachstumshormone freigesetzt. Wenn der Schlafrhythmus gestört ist, wird möglicherweise kein HGH ausgeschüttet.

Das heißt, wer einen gesunden, ausgeglichenen Lebensstil führt, löst für sich auch teilweise das Problem des

Abbaus der Wachstumshormone – und das ist sicherer, solange die Wirkungen, Nebenwirkungen und Dosierungen von künstlichen Wachstumshormonen noch nicht so weit unbestritten sind, dass diese Substanzen ohne Gefahren und in einer angenehmeren Form als durch tägliche Injektionen zugeführt werden können.

Der Marathon des Lebens

4

Es war ein heiliger Schwur, den ich leistete. Nie mehr würde ich diese Qual auf mich nehmen. Nie mehr würde ich auf diese Verlockung hereinfallen. Nie mehr!

Es war November 1986, und ich war 41 Jahre alt. Jeder Schritt schmerzte. Ich war ausgelaugt, erledigt. Doch das Ziel des New York Marathons lag noch kilometerweit entfernt, ganz unten im Central Park, und ich hatte bereits oben in der Bronx keine Luft und keine Kraft mehr.

Ein Freund hatte mich Monate zuvor angemeldet, hatte mir strahlend erklärt, dass ich einer der 30.000 Glücklichen sei, der einen der begehrten Startplätze für den größten Marathon der Welt ergattert hatte. Irgendwie konnte ich dieses Argument nicht widerlegen. Zudem packte mich die Neugier, ein einziges Mal bei diesem internationalen Großereignis dabei zu sein.

Ich begann mein Lauftraining zu intensivieren und drehte zwei- oder dreimal die Woche meine Runden am Zürichberg, meist zehn Kilometer, ein paar Mal war ich sogar 90 Minuten lang unterwegs. Sport hatte ich seit meiner Jugend betrieben, nie besonders ernsthaft, nie besonders intensiv und vor allem nicht besonders leistungsorientiert.

In den letzten Jahren hatte ich immer mehr Gefallen am Laufen im Wald gefunden, und zwar wegen seiner technischen und organisatorischen Einfachheit. Für meine erste sportliche Liebe Fußball war ich inzwischen etwas zu alt geworden, und im Tennis hatte ich kein besonderes Talent bewiesen.

Als ich beim New York Marathon kurz nach der halben Distanz auf der 59th Street Bridge inmitten einer gewaltigen Menschenmasse von Brooklyn nach Manhattan hinüberrannte, fühlte ich mich wie ein Eroberer auf der Reise in ein unbekanntes Land – das Land jenseits der 90 Laufminuten. Verwundert fragte ich mich, wie ich diese neue Welt erfahren würde.

Auf der First Avenue wurde ich von der Begeisterung von Zehntausenden New Yorkern spielend angetrieben, doch mit jedem Kilometer spürte ich, wie meine Reserven beängstigend schnell wegschmolzen. Bei Kilometer 30 war ich erledigt. Und vor mir lagen noch zwölf lange, nein, unerträglich lange Kilometer. Das große Leiden begann.

Im Ziel war ich ausgepumpt, meine Fußsohlen waren zerfetzt, so dass ich während der kommenden Wochen an Krücken gehen musste. Nur widerwillig hörte ich mir die höhnischen oder paternalistischen Sprüche von Freunden und Familienmitgliedern an. Ja, ich hatte einen großen Fehler gemacht. Ja, die Sache mit dem Marathon war ein grandioser Unsinn, den ich nie in meinem ganzen Leben wiederholen würde.

Es dauerte Jahre, bis ich begriff, was geschehen war: Ich hatte die Sache mit diesem Sport viel zu locker genommen. Ich hatte mich wie auf eine Ferienreise vorbereitet, nicht wie auf eine gefahrenvolle Expedition, die jeder Marathon auf den letzten Kilometern werden kann.

Gesundheitsförderer Sport

Sport ist neben der Ernährung der wichtigste aller von uns beeinflussbaren Faktoren zur Förderung der Gesundheit. Alle medizinischen Experten sind sich in diesem Punkt einig. Mit keiner anderen Maßnahme kann man größere Wirkung erzielen, wenn man ein langes, gesundes Leben führen will.

Das ist keine Binsenweisheit, wie es auf den ersten Blick erscheinen mag. Denn die Sache ist kompliziert. Nur wer Sport ernsthaft betreibt, erzielt das gewünschte Resultat. Ein Marathonlauf ohne richtige Vorbereitung ist ein Unsinn, bei dem die schädlichen Auswirkungen die positiven überwiegen. Erst wenn man das Vorhaben so seriös angeht, wie man etwa die berufliche Aus- und Weiterbildung betrieben hat, gelangt man zu den erwünschten Ergebnissen.

Und noch etwas ist überraschend: Sport in der Jugend ist wichtig, ab einem Alter von 40 Jahren wird Sport hingegen essenziell. Nochmals lesen, denn dieser Satz ist ganz, ganz wichtig: Sport nach 40 wird essenziell! Je älter man wird, desto größer wird die Bedeutung der körperlichen Fitness. Was man in der Jugend, in den Jahren zwischen 20 und 30, spielerisch und rein zur Erholung betreiben kann, wird für unsere Generation zu einer lebenswichtigen Betätigung, die vollste Aufmerksamkeit verlangt.

> *Sport in der Jugend ist wichtig, ab einem Alter von 40 Jahren ist Sport hingegen essenziell.*

Die Stärkung der Ausdauerfähigkeit ist wohl die wichtigste Aufgabe, die wir vor allem in den Jahren nach dem 40. Geburtstag ansteuern müssen. Neben dem Jogging eignen sich dazu vor allem Radfahren und Schwimmen. Für Menschen, die Probleme mit den Gelenken haben oder solche befürchten, ist das Rennen auf harter Unterlage ungeeignet. Für sie ist die Bewegung auf dem Fahrrad oder im Wasser viel sinnvoller.

Viele bevorzugen Krafttraining, das den Körper in anderer Weise fordert. Damit können die Muskeln im anaeroben Bereich massiv und effektiv gestärkt werden. Mehrere Studien zeigen, dass die größten gesundheitlichen Fortschritte erzielt werden, wenn man mit dem Krafttraining zwischen dem 30. und 40. Lebensjahr beginnt. Hier steht nicht die Stärkung des Herz-Lungen-Systems im Vordergrund, sondern das Muskelwachstum.

Lebensverlängerer Sport

Führt Sport aber zu einer höheren Lebenserwartung? Beinahe alle Experten sind sich darin einig, dass dies zutrifft, und einige meinen sogar, dass dazu bereits eine sehr leichte sportliche Tätigkeit genügt. Der Essprophet Barry Spears sagt, dass schon ein täglicher Verbrauch von 300 Kalorien zur Lebensverlängerung ausreicht, und dies kann durch schnelles Gehen erreicht werden. Ab 2000 Kalorien, die während einer Woche durch Sport verbrannt werden, bleibt seiner Ansicht nach die Wirkung auf die Lebenserwartung konstant. Wer Sport treibt, der verbraucht mehr Kalorien, nähert sich also dem Ziel eines optimalen Kalorienhaushalts von dieser Seite her. Nie habe ich ein Bild vergessen, das ich in meinem allerersten Buch über Marathons gefunden habe. Der Autor beschrieb es so: Vorne laufen die Bleistifte, hinten die Radiergummis... Eine zweite Wirkung von intensivem Sport ist ebenfalls unbestritten: Durch Sport werden die Muskeln gestärkt und damit wird die langfristige Funktionalität des Körpers verbessert. Dadurch nimmt in jedem Fall die Qualität des Lebens zu – die Lebensfreude also, und genau darum sollten wir uns besonders kümmern. Denn alt werden ist das eine, das Alter mit einem funktionierenden Körper zu genießen ist noch viel, viel besser.

Generell erzielt man messbare Verbesserungen der Gesundheit, sobald man mit dem Training beginnt, auch wenn man zuvor jahrelang keinen Sport betrieben hat. Der Blutdruck sinkt gleich von Beginn an, und ein niedrigerer Blutdruck macht die Blutgefäße flexibler und reduziert damit sowohl das Risiko eines Herzinfarkts als auch das eines Schlaganfalls. Nur die Schäden von jahrzehntelangem Rauchen lassen sich so nicht wegwischen.

Überwindung nötig – aber keine Extreme

Anhand einer aktuellen Umfrage unter 2064 Personen im Auftrag des Schweizerischen Olympischen Verbandes kommen die beiden Autoren Markus Lamprecht und Hanspeter Stamm zu dem Ergebnis, dass sich ein Trend in Richtung einer zweigeteilten Gesellschaft verstärkt: Während die einen ihre sportlichen Aktivitäten laufend intensivieren, sind die anderen sportlich

> Jeder, der noch nie in seinem Leben oder seit vielen Jahren nicht mehr Ausdauersport betrieben hat, muss sich zunächst dazu überwinden.

völlig abstinent. Doch man kann von der einen Gruppe zur anderen wechseln. Das ist meist nicht ganz einfach. Denn jeder, der noch nie in seinem Leben oder seit vielen Jahren nicht mehr Ausdauersport betrieben hat, muss sich am Anfang dazu überwinden.

Hie und da braucht es gar ein traumatisches Ereignis, um eine solche Verhaltensveränderung auszulösen. Patrick Stöckli, der erfolgreichste Sexshop-Betreiber der Schweiz, stand eines Morgens mit der ganzen Pracht seiner 120 Kilo vor dem Spiegel, als seine Frau eine äußerst abschätzige Bemerkung über seine Figur machte. Das war's. In diesem Augenblick veränderte sich sein Leben, wie er mir in einer TV-Talkshow erzählte. Innerhalb von Jahresfrist wurde aus dem Fettsack ein fanatischer Marathonläufer. Dies ist heute der Beruf, den er tatsächlich ernsthaft betreibt. Er nimmt an mehr als 20 Langstreckenläufen im Jahr teil, von Johannisburg bis Budapest. Die Sexshops betreut jetzt seine Frau. Und er wiegt mehr als 40 Kilo weniger und begegnet einem mit einem ganz anderen, wacheren Gesichtsausdruck.

Joschka Fischer, der deutsche Außenminister, beschreibt in seinem Buch „Der lange Lauf zu mir", wie er an seinem Gewicht und seiner Kurzatmigkeit zu ersticken drohte, bis er eines Tages entschied, dass er so nicht weiterleben könne. Er begann bei Null, bei einem einzigen durch-keuchten Kilometer. Ein Jahr später und über 35 Kilo leichter wagte er sich erfolgreich an seinen ersten Mara-thon.

Sind das Vorbilder? Nicht unbedingt, meine ich. Denn es ist gefährlich, von einem Extrem ins andere zu fallen. Sowohl Patrick Stöckli als auch Joschka Fischer haben ihr

Leben radikal geändert. Mit Beginn seines Lauftrainings stellte Joschka Fischer nicht nur seine bisherige Ernährung vollständig um, sondern er verzichtete auch auf jeden Tropfen Wein und auf alle Süßigkeiten, um so noch schneller Gewicht zu verlieren – wie er stolz berichtet. Von der Wollust wechselte er fugenlos in die Askese, da er sich offenbar im einen Extrem ebenso zu Hause fühlt wie im anderen.

Er, der früher keine Treppe steigen konnte, ohne außer Atem zu geraten, entwickelte nun einen fanatischen Ehrgeiz. So besteht er selbst auf Staatsbesuchen, dass er sein tägliches Lauftraining absolvieren kann, und er genießt es besonders, wenn er die ihn begleitenden, keuchenden Sicherheitsleute lächelnd abhängen kann.

Als ich bei seinem Staatsbesuch in Bern mit ihm und einem Begleittross an der Aare entlangjoggte – einfach weil ich das Phänomen „joggender Außenminister" erleben wollte –, raunte er mir nach drei Kilometern zu, wohl um mich zu entmutigen: „Nur kein falscher Ehrgeiz. Sie sollten sich nicht überfordern." Und als er etwa nach acht Kilometern ein Kcamerateam am Wegrand entdeckte, setzte er zu einem Zwischenspurt an, um so seine Begleiter blitzschnell abzuhängen. Nach der gloriosen Großaufnahme des pfeilschnellen Außenministers wechselte er wieder in einen lockeren Trott, bei dem er wieder zu Atem kommen konnte.

Nein, das Ziel sollte nicht sein, der Beste, Schnellste und Schlankste zu werden. Das ist immer ein anderer oder eine andere. Es gibt immer Menschen, die sind jünger, schöner, schneller und reicher als man selbst. Wer einem solchen Ziel nachjagt, der wird sich unnötig unter Druck setzen.

Nicht jedes Gegenüber ist ein Konkurrent, den man unbedingt besiegen muss, nicht jeder Läufer, den man auf der Strecke trifft, muss überholt und niedergekämpft werden. Der überehrgeizige und wohl auch etwas eitle Läufer Joschka Fischer half mir, meine eigenen ähnlichen Schwächen und Neigungen besser zu erkennen.

Ziele setzen

Damit will ich beileibe nicht behaupten, dass man sich keine sportlichen Ziele setzen sollte. Im Gegenteil! Wenn man die körperliche Leistungsfähigkeit verbessern will, so erreicht man dies besser und leichter, wenn man sich ein messbares, definiertes Programm vorgibt. Die Teilnahme an Volksläufen ist ein solches Ziel, das ohne allzu große Mühe erreicht werden kann. Es gibt diese Läufe – wie man etwa via Internet erfährt – über alle Distanzen, beinahe überall, vom Frühling bis in den Winter, und am besten wählt man sich am Anfang Aufgaben, die man mit einiger Sicherheit bewältigen kann. Denn nichts beflügelt so wie Erfolgserlebnisse, nichts ist so deprimierend wie die erlebte Überforderung – so wie ich sie in New York erfahren habe.

> *Man sollte sich realistische Ziele setzen, da erwiesenermaßen mit zunehmendem Alter die Leistungsfähigkeit sinkt.*

Ich glaube, gerade in unserer Generation genießen wir sportliche Erfolgserlebnisse in einer ganz besonderen Weise – vielleicht weil sie gar nicht mehr zu unserem Alter zu passen scheinen. Sie sind mehr als bloß das Resultat einer sportlichen Leistung: Sie sind ein Beweis für unsere überdurchschnittliche Vitalität. Sie geben uns das Gefühl, dass wir nicht auf einer schnell abschüssigen Bahn sind, wie manche unserer kurzatmigen Altersgenossen mit ihren brandigen Bäuchen und ihren aufgeblähten Hüften. Das Laufen inmitten von Menschen jeden Alters und, wie bei einem der großen Marathons, im selben Rennen mit der Weltspitze vermittelt einen Kitzel, den uns das Leben sonst in keinem anderen Bereich offerieren kann.

Dabei muss man einiges an kritischen Fakten verarbeiten. Etwa dass Tests bewiesen haben, dass wir nach der Altersgrenze von 30 Jahren durchschnittlich etwa 1,5 Prozent unserer körperlichen Leistungsfähigkeit pro Jahr verlieren. Dies heißt, dass man mit 60 nur noch halb so viel Leistung erbringt wie mit 30. Durch intensive körperliche Tätigkeit kann man jedoch die Abnahme der Leistungsfähigkeit beeinflussen, und zwar mit einer Schwankungsbreite, zwischen 0,5 und 2 Prozent pro Jahr. Es ist also völlig normal, dass man langsamer ist, wenn man älter wird, selbst bei gleichem Trainingsaufwand. Nur wenn man viel mehr trainiert oder etwa seinen Fettanteil massiv reduziert, kann man diesen Effekt zumindest teilweise korrigieren.

Dies zu erkennen und bei vergleichbarem Trainingsaufwand auf seine langsameren Endzeiten stolz zu sein ist ein Teil des Bewusstseinsprozesses. Denn was ist die Alternative? Einer meiner Freunde hat sich ganz vom Marathonlaufen verabschiedet, weil er befürchtet, dass er nicht mehr so schnell laufen könne wie früher. Dies würde ihn betrüben, meinte er zu mir. Schade für ihn. Denn ohne das intensive Lauftraining und das außergewöhnliche Erlebnis eines internationalen Stadtmarathons wird er seinen Alterungsprozess wohl effektiv beschleunigen, statt ihn zu verlangsamen.

Königsdisziplin

Der Marathon ist nicht allein wegen seiner antiken Wurzeln zur Königsdisziplin avanciert. Nein, es ist vor allem die Distanz von 42 Kilometern, die von jedem Teilnehmer erfordert, Grenzen zu überschreiten. Denn der Körper kann in seinen Muskeln nur etwa 1500 Kalorien in den so genannten Glykogenspeichern bereithalten, doch diese reichen im Normalfall nur für etwa 30 Kilometer. Wenn diese Glykogenspeicher leer sind, stellt der Körper auf Fettverbrennung um, und dieser Wechsel ist in der Regel sehr schmerzhaft. In diesem Moment prallt man an der „wall" auf, der Mauer, die einem das Gefühl gibt, man könne keinen einzigen Schritt mehr tun ohne grässliche Schmerzen.

Im Ausdauertraining lehrt man deshalb den Körper, von Beginn weg eine Mischung von Kohlehydraten und Fett zu verbrennen, damit die Kohlehydrate bis weit über die 30 Kilometer hinaus nicht aufgebraucht sind, im Idealfall eben bis zum Ziel bei 42 Kilometern und 195 Metern reichen. Somit ist der Marathon eigentlich ein äußerst schwieriges Zwölfkilometerrennen mit lockeren 30 Kilometern als Vorlauf.

Auf diesen letzten zehn, zwölf Kilometern, dieser definitiven Stunde der Wahrheit, kann alles passieren. Man ist allein inmitten von vielleicht Tausenden Teilnehmern und Hunderttausenden Zuschauern, als ob man mutterseelenallein einen Gipfel im Himalaja erklimmen wollte, ohne zu wissen, ob und in welcher Verfassung man das Ziel erreicht.

Deshalb gibt es kaum 30-Kilometer-Läufe, aber eine wachsende Zahl von Stadtmarathons, die ständig mehr

Zulauf haben. Nach einem ersten Boom zu Beginn der 80er Jahre folgte eine Abflachung der Teilnehmerzahlen. Seit Mitte der 90er Jahre erleben diese Läufe ständig höhere Teilnehmerzahlen. Nicht nur in New York, sondern etwa auch in London erhält nur noch ein Bruchteil der Bewerber einen Startplatz. Besonders auffallend ist, dass der Anteil der älteren Teilnehmer ständig zunimmt. Vor 15 Jahren noch waren nur wenige Teilnehmer älter als 50 Jahre, in der letzten Zeit werden es immer mehr. Viele unserer Generation haben begriffen, dass wir anders als unsere Vorfahren weit länger leistungsfähig bleiben, wenn wir nicht automatisch an einem gewissen Punkt unseres Lebens ins Golf- oder Zuschauerlager wechseln.

Und auch der Anteil der Frauen steigt stark an. 1972 lief zum ersten Mal eine Frau den Boston Marathon. Ohne Startbewilligung – weil man bis dahin glaubte, dass das weibliche Geschlecht nicht fähig sei, eine solche Anstrengung zu bewältigen. Dies war ein Durchbruch. 1990 stellten die Frauen bereits 20 Prozent des Teilnehmerfeldes an diesem ältesten Stadtmarathon der Welt, im Jahre 2001 waren es bereits 37 Prozent. Und die Tendenz deutet auf weitere Steigerungen hin.

Prominente Läufer wie Joschka Fischer oder Jörg Haider dienen zusätzlich als „role models", die von den Medien viel Publicity erhalten. Spitzenpolitiker oder Topmanager als Langstreckenläufer, die ihre Vitalität einer staunenden Öffentlichkeit auf beeindruckende Weise auf offener Straße präsentieren, sind ein neues Symbol für unsere Generation. Der Marathon mit seiner mystischen Dimension ist das Symbol für die neuen, bewussten Leistungsträger geworden, die sich so von allen Vorgängergenerationen, welche die gleichen Ämter und Positionen besetzt hatten, absetzen.

Dabei laufen sie aber auch ein gewisses persönliches Risiko: Sie müssen durchkommen, sonst kann sich die Bewunderung ins Gegenteil verwandeln. Die letzten Kilometer eines Marathons sind für sie ebenso risikoreich wie für alle anderen. Der erste joggende Spitzenpolitiker war US-Präsident Jimmy Carter, der bei einem Trainingslauf einen Schwächeanfall erlitt. Dieses Bild ging um die Welt, wovon sich seine Präsidentschaft nie mehr erholen konnte.

Und am Ziel des Berlin-Marathons 2000 sahen die Zuschauer einen Außenminister Joschka Fischer, dem es nicht auf Anhieb gelang, sein gequältes linkes Bein in die riesige Limousine zu quetschen.

Die Theorie

Einige Jahre nach jenen traumatischen Erlebnissen auf den letzten Kilometern in New York begann ich nicht nur wieder mit dem Lauftraining wie früher, sondern ich kaufte mir erstmals Literatur über Ausdauersport. Mit immer größerem Erstaunen stellte ich fest, dass dem Laufen, dem Joggen, eine ständig erweiterte Theorie zu Grunde liegt, die jedermann zur Verfügung steht.

Weil das Joggen als die simpelste Form von Sport betrachtet wird, wird jedoch nur allzu leicht übersehen, dass man auch diesen Sport lernen muss. Tennis lernt man beim Tennislehrer, auch fürs Skifahren holt man sich Anleitung. Aber durch den Wald rennen kann man ganz allein und ohne Instruktionen, denken sich die meisten. Das ist falsch, zumindest wenn man sich optimal verhalten möchte. Wir sollten den Sport, den wir gewählt haben, ernsthaft betreiben, uns intensiv damit befassen, indem wir Bücher und Aufsätze darüber lesen oder Kurse besuchen, um die Erfolgsrezepte anderer zu übernehmen. Dies erfordert oft einen ebenso großen Willensakt wie das regelmäßige Schnüren der Rennschuhe oder der Gang ins Fitnessstudio.

> *Die Ausübung einer Sportart sollte anhand von Lehrbüchern erlernt werden – das erfordert oft genauso viel Willenskraft wie die tatsächliche Ausübung.*

Ich begann, Marathonbücher mit genauen Anleitungen zu studieren. Fasziniert las ich über die idealen Vorbereitungen. Zum Beispiel darüber, dass das Aufbautraining in zwei oder mehr 30-Kilometer-Läufen gipfeln sollte, an die man sich mit immer ausgedehnteren Läufen über Monate hinweg herantasten soll. Denn wie das Hirn hat der Körper ein Erinnerungsvermögen. Er ist in der Lage zu speichern, welche Leistungen er bereits erbracht hat, und kann sie in der Wiederholung besser reproduzieren als beim ersten Mal. Deshalb also hatte mein Körper in New York auf der zweiten Streckenhälfte kapituliert.

Und weiter erfuhr ich beim Lesen, dass die Ruhephasen ebenso wichtig sind wie die langen Strecken, insbesondere in den letzten zwei Wochen vor einem Marathon. Wer am Schluss noch wild trainiert, weil er ein schlechtes Gewissen über zu wenige Trainingskilometer hat, der verhält sich kontraproduktiv und schadet sich damit selbst.

Aus den Büchern erhielt ich auch Informationen über das vielleicht wichtigste Thema überhaupt: das Trinken. Ohne Zufuhr von Flüssigkeit nimmt die Leistungsfähigkeit des Joggers spätestens nach 40 Minuten ab. Deshalb soll man bereits nach 20 Minuten mit dem Trinken beginnen. Also kaufte ich mir einen dieser Gurte, an denen man eine Trinkflasche befestigen kann – und es funktionierte. Seither renne ich kaum mehr ohne Wasserflasche los. Die Sache ist lächerlich simpel, aber äußerst effektiv. Die meisten Läufer, die ich im Wald treffe, wissen nichts davon oder haben das Gefühl, dass sie kein Wasser brauchen, solange sie ohne Beschwerden vorankommen. Dabei muss man trinken, bevor man Durst hat. Denn wenn sich der Durst erst einmal gemeldet hat, ist es bereits zu spät, um dem Körper die benötigten Mengen Flüssigkeit während des Laufens zuzuführen.

Die Praxis

Und während ich las, erinnerte ich mich: Auch im Training hatte ich mich schon überfordert, dort, wo ich sicherlich weniger systematisch vorgegangen bin als beim Marathon. Ich dachte zurück an meinen letzten Aufenthalt in Mallorca. Ganz im Norden liegt dort das Cap Formentor mit einem imposanten Leuchtturm am äußersten Ende. Von unserem Hotel Formentor aus sind es etwas über zwölf Kilometer bis dorthin, meist leicht bergauf und auf dem letzten Stück mit einer atemberaubenden Aussicht. Für mich war dies am Abend des vierten Ferientags die ideale Herausforderung – dachte ich. Doch dann unterschätzte ich zuerst die Hitze, die trotz leichtem Wind immer stärker drückte. Und außerdem hatte ich bereits bei halber Distanz meine Wasserflasche leer getrunken. Natürlich trieb mich mein Ehrgeiz weiter. Ich wusste, dass ich beim Leuchtturm auch bei geschlossenem Kiosk zur dringend benötigten Flüssig-keit kommen würde. In den Toilettenräumen wollte ich mich versorgen.

Es war schon beinahe acht Uhr abends, als ich dort ziem-lich erschöpft anlangte. Dann traf es mich wie ein Schock: Die Toiletten waren bereits für die Nacht abgeschlossen, der Kiosk war zu, der Parkplatz leer. Vor mir lagen noch-mals zwölf Kilometer, und dies, obwohl ich bereits jetzt völlig ausgetrocknet war. Tatsächlich wurde die Rückkehr zur Tortur. Völlig erschöpft und ausgepumpt erreichte ich das Hotel, zitternd und fröstelnd, und zwar trotz der Hitze. Was ich gemacht hatte, war schlecht vorbereitet und noch stümperhafter ausgeführt gewesen. Statt dass ich meine Form und meine Fitness gefördert hatte, war ich mir selbst ins Messer gelaufen.

Nach dieser Erfahrung begann ich, das Laufen professio-neller zu betreiben. Ich begann, mich daran zu gewöhnen, ausschließlich mit Pulsmesser zu trainieren. Bei einer Untersuchung in der auf Sport spezialisierten Schulthess-Klinik in Zürich hatte ich bei einem Laktat-Test, bei dem die Blutzuckerwerte bei unterschiedlicher körperlicher Belastung gemessen werden, meine idealen Trainings- und Wettkampfwerte erfahren. Wie die meisten Anfänger hatte ich mit zu hohem Puls trainiert, erklärte man mir dort, und das sollte unbedingt vermieden werden. Von da an zwang ich mich, die vorgegebenen Werte einzuhalten, das Tempo zu verlangsamen, wenn mein Puls über 145 stieg, und konnte auf diese Weise meine Laufleistungen spielerisch leicht verbessern. Da Pulswerte immer individuell sind, ist es besonders wichtig, mit einem Test den eigenen idealen Trainingsbereich zu finden.

Ich begann, zuerst zögernd, dann zielgerichtet, die Zahl meiner Trainingskilometer zu erhöhen, und ich erlebte, wie ich mich dabei immer besser fühlte. Unsicher meldete ich mich für den Greifensee-Lauf, einen in der Schweiz sehr beliebten Halbmarathon, und erlebte ein unvergleichliches Glücksgefühl, als ich auf den letzten Kilometern scheinbar mühelos an vielen Läufern vorbeizog, die mich zu Beginn überholt hatten. Die richtige körperliche Vorbereitung auf einen Marathon ist ein anspruchsvolles Projekt. Wenn man sich die Basiskondition einmal erarbeitet hat, beläuft sich der zeitliche Aufwand in den vier Monaten vor dem großen Tag auf vier bis sieben Stunden pro Woche. Einen Halbmarathon schafft man hingegen locker mit zwei Trainingsläufen zwischen sechs und zehn Kilometern pro Woche und, je nach Ambition in Sachen Laufzeit, mit einem oder zwei Läufen über 20 Kilometer.

Vielerlei Wirkung

Wer glaubt, mit vielleicht 30 Minuten Schwitzen pro Woche richtig fit zu bleiben, täuscht sich selbst. Natürlich ist dieses Trainingspensum besser als gar keine körperliche Tätigkeit, betonen alle Ärzte. Aber um das Herz-Kreislauf-System wirklich in Schwung zu halten, braucht es mehr. Der selbst ernannte Fitnesspapst Ulrich Strunz nennt ein Laufpensum von 30 Minuten am Tag als Minimum, um nicht krank zu werden und um seine Leistungsfähigkeit nicht unnötig schnell abfallen zu lassen. Ole Petersen meint in seinem Buch „Lifepower – das Anti-Aging-Programm", dass sich ein positiver Effekt bereits bei drei Trainingseinheiten pro Woche à 45 Minuten erzielen lässt. Er weist darauf hin, dass ein signifikanter Abbau von Stress-hormonen erst nach etwa 25 Minuten Laufen richtig in Gang kommt und dass die Hormonausschüttung, die unse-re Blutfettwerte positiv beeinflusst, erst nach 30 Minuten beginnt. Andere Experten raten dazu, seinen Körper fünf-mal pro Woche in Schwung zu bringen – und an den rest-lichen zwei Tagen unbedingt zu ruhen, da dies der Körper verlangt.

Allzu groß sind die Unterschiede bei diesen Ratschlägen also nicht. Ein Training in einem solchen Umfang sollte man jedenfalls in die eigene Agenda aufnehmen. Nur wenn man dies konsequent tut, akzeptiert man die Bedeutung dieser Tätigkeit für das eigene Wohlbefinden. Wer hinge-gen immer wieder mit dem Hinweis auf vielfältige berufli-che oder private Verpflichtungen dagegenhält, dass er eben keine Zeit für sportliche Betätigung habe, der sagt im Klar-text, dass er anderes für wichtiger hält – und macht damit einen kapitalen Fehler. Er setzt die Prioritäten falsch. Er beschäftigt sich weiterhin mit Dingen, statt mit sich selbst, seinem Körper und damit auch mit seiner Seele.

Und er verpasst dabei einiges. Hirnforscher Terrence Sejnowski weist auf Tierstudien im Salk Institute in San Diego hin, die zeigen, dass bei Mäusen, die rennen müs-sen, doppelt so viele Hirnzellen im Hippocampus überle-ben wie bei Mäusen, die nur faul im Gehege herumhängen. Die grauen Zellen, die sich im erwachsenen Gehirn ständig nachbilden, überleben nur, wenn der Körper aktiv bleibt.

Laufen hat zudem eine meditative Wirkung, wenn man sich nicht auf seine Leistung per Uhr und Pulsmesser kon-zentriert, sondern sich ganz der Bewegung hingibt. Vor allem, wenn ich mich nicht auf einen Wettkampf vorbereite, versuche ich, nicht auf meine Laufzeiten zu achten, um vom Leistungsdruck nicht absorbiert und abgelenkt zu werden. Und besser ist es sogar, wenn ich meinen Pulsmesser einmal zu Hause lasse und mich nur auf meine mehrjährige Erfahrung verlasse, die mir angibt, in welchem Pulsbereich ich mich bewege, um so nicht in zu hohe Zonen zu gelangen, die es zu meiden gilt.

So wie in der buddhistischen Tradition das „Chanten" der immer gleichen Sätze die Seele zur Ruhe bringen kann, so kann man durch die Wiederholung derselben Laufbewegungen in einen meditativen Zustand gelangen. Ich erlebe dies oft, meistens etwa nach 20 Minuten, wie ich in diesen neuen Bewusstseinszustand wechsle. Ich fühle mich wie ein Flugzeug, das nach einem langen, kräfteraubenden Start die Flughöhe erreicht hat und scheinbar mühelos lange Strecken überwinden kann – mit einem Blick von weit oben herab auf ruhige, friedliche Landstriche. In diesen Phasen verliere ich oft das Zeitgefühl, wenn ich mich auf einer bekannten Laufstrecke befinde, auf der mich mein Autopilot ohne Benützung des Bewusstseins in die vorgesehene Richtung lenkt.

Manchmal geschehen mitten in dieser bewegten Meditation wundersame Dinge, etwa, dass ich völlig losgelöst zu überraschenden Eingebungen komme. Plötzlich liegt die Lösung eines schwierigen Problems vor, obwohl ich mich in diesem Augenblick überhaupt nicht damit auseinander gesetzt habe, so wie einem oft ein Name erst einfällt, wenn man ihn nicht mehr krampfhaft in seinem Gedächtnis sucht. Viele der beruflichen Ideen, die ich in den letzten Jahren entwickelt habe, sind mir in solchen Situationen zugefallen. Indem ich losgelassen habe, indem ich meinen

Geist durch das rhythmische Laufen befreit habe, wurden
Türen geöffnet, die zuvor verschlossen schienen. Auch aus
diesem Grund ist das regelmäßige Laufen für mich unab-
dingbar geworden. Da ich diesen Mechanismus schon so
oft erlebt habe, kann ich ihn recht einfach in Gang setzen.
Die erfahrenen Erfolge beflügeln auch hier.

Dazu bedarf es keiner besonderen Fähigkeiten. Wenn
man die ersten Schwellen, an denen das Laufen vor allem
Anstrengung ist, hinter sich gelassen hat, kann man beinahe automatisch in diese neue Dimen-
sion vorstoßen. Die medizinische
Erklärung erläutert zumindest einen
Teil dieses Phänomens: Weil der Körper beim Laufen Hormone wie Endorphin freisetzt, die sich vor allem
auf das Gehirn auswirken, verändern

> *Das Laufen kann den
> gleichen Effekt wie eine
> Meditation haben – die
> Gedanken und Gefühle
> werden losgelassen.*

sich die Emotionen. Der Mediziner und Ultrasportler
Ulrich Strunz nennt dies das „Hormonfeuerwerk im Hirn".
Laufen ist also auch eine fantastische Form von legalem,
körpereigenem Doping.

Allerdings erzielt man mit meditativem Laufen keine
Bestzeiten. Nur wer sich voll auf das Laufen konzentriert,
ist dazu in der Lage. Wenn während eines Marathons die
Konzentration wegdriftet und man an etwas anderes denkt,
sinkt die Geschwindigkeit. Wer also darauf hinzielt,
schnell zu laufen, muss trainieren, mit seinem Geist voll
beim Ereignis zu bleiben. Meditative Höchsterlebnisse
erzielt man hingegen nur, wenn man sich genau umgekehrt
verhält, wenn man das Gehirn eben nicht mit den Details
des Laufens besetzt hält.

Ich genieße beide Formen, jede zu ihrer Zeit.

New York, New York

1996 wagte ich es endlich wieder. Zehn Jahre nach meinem Schwur im Central Park war alles anders. Nach zehn Jahren ist alles verjährt, sagte ich mir, ein Bankraub, ein Kapitalverbrechen, sogar ein heiliges Versprechen an mich selbst, nie mehr einen Marathon zu laufen.

Also meldete ich mich wieder für den New York Marathon an. Doch dann gingen einige der klaren Vorsätze über Bord. Aus Zeitgründen konnte ich nicht das ganze Vorbereitungsprogramm abspulen, wie ich es in meinem Marathonbuch gelesen hatte. Einmal war es fürs Training zu kalt gewesen, dann zu regnerisch und wieder ein andermal war ich schlicht zu müde oder – wenn ich zu mir selbst ehrlich war – zu faul gewesen.

Dann stand ich tatsächlich wieder mit 30.000 anderen Läufern aufgeregt am Start in Staten Island bei der Veranzano Bridge, diesmal im ungefähren Wissen über das, was mich erwarten würde. Und tatsächlich kam ich diesmal erschöpft, aber ohne das ganz große Leiden und ohne zerfetzte Fußsohlen ins Ziel. Mit einer Zeit von 3 Stunden 43 lief ich sogar zwei Minuten schneller als beim ersten Versuch ins Ziel – damals, als ich zehn Jahre jünger gewesen war. Das motivierte. Schon wenige Wochen später setzte ich mir das ganz große Ziel: Drei Jahre später, im November 1999, würde ich meinen allerletzten Marathon laufen, natürlich wieder in New York. Und dann würde ich erstmals alles richtig machen.

Das Datum hatte für mich etwas Mystisches: Das Ereignis würde am ersten Sonntag im November 1999 stattfinden, nur zwei Monate vor dem Millennium, auf das wir alle hinstarrten.

Schon als Jüngling hatte ich mir diesen 1. Januar 2000 vorgestellt. Ich würde dann 54 Jahre alt sein, rechnete ich mir vor, und damit ein älterer Herr, wahrscheinlich mit rundlichem Bauch, Doppelkinn und fliehendem Haaransatz. So sahen damals die Herren um 54 aus, die ich kannte. In ihrer Jugend hatten sie vielleicht Sport betrieben, die meisten von ihnen als Teil ihres Soziallebens in irgendeinem Verein. Nur die wenigsten hatten sich über die 40 hinaus körperlich betätigt, etwa beim Tennis oder auf der Skipiste, auf der beim bloßen Hinunterfahren keine besonderen Anstrengungen erforderlich sind. Viel öfter sah ich sie aber im Kaffeehaus oder im Gasthaus stundenlang Kartenspielen, wenn möglich, schon am frühen Nachmittag. Stadtmarathonläufe gab es damals noch nicht, und wenn es sie gegeben hätte, hätte mit Sicherheit niemand über 50 die verrückte Idee gehabt, daran teilzunehmen.

Den New York Marathon 1999 lief ich in jeder Beziehung besser vorbereitet als die beiden anderen zuvor. Ich hatte mehr Trainingskilometer in den Beinen als bei früheren Marathons und hatte meine Ernährung ganz auf die sportliche Herausforderung ausgerichtet. Meine Ausrüstung – Schuhe, Hose, Leibchen, Socken, Mütze – alles war auf dem neuesten Stand. Außerdem hatte ich einen genauen Plan im Kopf.

Als ich diesmal auf den letzten Laufkilometern im Central Park nicht mehr völlig ausgepumpt litt, sondern das Ereignis und die unvergleichliche Begeisterung der Zuschauer zum ersten Mal mit offenen Augen aufnehmen konnte, wusste ich, dass ich etwas richtig gemacht hatte. Ins Ziel kam ich mit einer Zeit von 3 Stunden und 32 Minuten, gewaltige, bombastische elf Minuten schneller als drei Jahre zuvor, 14 Minuten schneller als damals bei meinem ersten New Yorker Lauf (und nicht weniger als 24 Minuten schneller als Joschka Fischer, der ebenfalls mitgelaufen war, wie ich nicht ohne eine gewisse Befriedigung feststellte). Damit hatte ich mich auch klar in der vorderen Hälfte der über 30.000 Teilnehmer platziert.

Am späteren Abend saß ich mit einem Freund im 45. Stock des Marriott Hotels beim Times Square und blickte auf die Lichter von Manhattan.

„Das ist nichts mehr für Leute in unserem Alter", verkündete ich. „Das längste, was ich in Zukunft rennen werde, ist ein Halbmarathon. Der Marathon zehrt zu sehr aus."

Doch schon bald darauf kamen mir Zweifel. War dies die richtige Schlussfolgerung? Obwohl ich so vieles besser gemacht hatte als früher, hatte ich auch diesmal meine eigenen Grenzen überschritten, wenn ich tief in mich hineinhörte. Ich fühlte mich glücklich, aber erschöpft. Und irgendwie sträubte sich etwas in mir, mich immer wieder selbst so stark zu fordern. Mein Körper meldete mir, dass ich ihn nicht richtig behandelt hatte, dass mein Ehrgeiz und meine Euphorie etwas zu überdecken versuchten.

Das letzte Mal?

Die Frage ließ mich nicht los. Ich begann mit mir selber zu argumentieren. Dann ließ ich mich verführen: Ich wollte es noch einmal wissen, noch ein einziges Mal. Ich meldete mich für den Stockholm Marathon im Juni 2000 an, der als der schönste der Welt gepriesen wird. Wie konnte ich auf ein solches Angebot nicht eingehen?

Schon vom ersten Kilometer an fühlte ich mich verkrampft, lief gegen alle Absichten mit einem zu hohen Pulsrhythmus und litt deshalb grauenhaft auf den letzten Kilometern. Im Ziel zeigte meine Uhr 3 Stunden 42, zehn Minuten mehr als in New York. Ich war total fertig, erledigt. Für kurze Momente glaubte ich sogar, das Bewusstsein zu verlieren. Dies war wie eine Niederlage. Dabei hatte ich noch intensiver trainiert als für New York und hatte mich noch besser in Form gefühlt.

Nein, so konnte ich die Sache nicht beenden. Einige Monate später versuchte ich es nochmals, diesmal in Berlin. Das Erlebnis war ernüchternd. Diesmal brauchte ich sogar 3 Stunden 52 Minuten für die Strecke und brach auf den letzten Kilometern richtiggehend ein. Schlotternd und zitternd schaffte ich es gerade noch ins Hotel, wo ich mich erst nach Stunden im heißen Bad langsam erholte.

War's das nun? War die Zeit der Marathons für mich nun endgültig vorbei? Sollte ich mich diesem Verschleißwettbewerb in meinem Alter definitiv nicht mehr aussetzen? Irgendetwas sträubte sich noch immer in mir, fühlte sich nicht richtig an. Ich hatte etwas nicht ganz begriffen, nur wusste ich nicht, was es war.

Der Boston Marathon ist nicht nur der älteste Marathon der Welt, er ist auch derjenige mit dem größten Prestige. Im Gegensatz zu allen anderen großen Stadtmarathons, an denen jedermann teilnehmen kann, muss man sich für Boston qualifizieren, und zwar mit einer recht anspruchsvollen Zeit. Mit meiner Endzeit von New York hatte ich diese Bedingung für meine Altersgruppe ganz knapp erfüllt und mir so die Chance erworben, zum definitiven Abschluss meiner Marathonzeit einmal an diesem legendären Wettbewerb teilnehmen zu dürfen, auch wenn ich aufgrund der jüngsten Erfahrungen wohl erstmals über vier Stunden laufen würde.

Boston wurde also mein nächstes, mein größtes Ziel.

Körperliche Höchst-leistung ohne Erschöpfung

5

Der Boston Marathon findet auf der klassischen Strecke vom ländlichen Hopkington ins über 40 Kilometer entfernte Zentrum von Boston statt, und zwar traditionsgemäß am Patriot's Day, einem Montag im April. Die meisten Läufer müssen also die intensive Trainingsphase in der kalten Jahreszeit durchziehen, in Schnee, Nebel und Feuchtigkeit.

Gemäß meinem Marathonlehrbuch spulte auch ich mein Pensum wieder einmal ab, ließ jedoch hie und da eine Trainingseinheit ausfallen, einfach weil ich mich nicht überwinden konnte, schon wieder in die Kälte hinauszurennen. Körperlich fühlte ich mich nicht schlechter oder besser als bei früheren Marathons, und selbst auf das recht häufige Trinken von gutem Rotwein nach getaner Tagesarbeit verzichtete ich in der Trainingsphase nicht.

Meditation statt Lauftraining

Anders als bei den früheren Marathons in den USA reiste ich bereits zehn Tage vor dem großen Tag von zu Hause ab. Ich schenkte mir eine knappe Woche in Esalen, meinem traditionellen Refugium in Kalifornien. Dort schrieb ich mich in einen Workshop ein, bei dem ich viele Stunden schweigend und zuhörend mit einer Gruppe von Menschen in einem Raum saß und wieder einmal den Gestaltprozess erlebte. Sehr oft wanderte ich hinauf zu den „hot tubs", den heißen, mineralhaltigen Bädern, von den man einen überwältigenden Blick auf den Pazifik und die Steilküste von Big Sur hat. Zudem tanzte ich viel, verbrachte einige Zeit in einer Meditationsgruppe und dachte recht wenig an den Marathon. Nur zweimal schnürte ich die Rennschuhe, um am ganz frühen Morgen auf dem atemberaubenden Highway Nr. 1 etwas zu joggen, vielleicht 30 Minuten lang, aber ohne den Puls richtig hoch zu treiben.

In Boston war das Wetter ideal. Für das Rennen waren zehn Grad angesagt und wenig Wind. Als ich wie 15.000 andere Teilnehmer im Bus zum Startgelände saß, trug ich immer noch die Gelassenheit und Ruhe von Esalen in mir und ließ mich nicht vom nervösen Geschnatter rundherum ablenken. Voll konzentriert ging ich durch die üblichen Vorbereitungen – ständiges Trinken (und Wasserlassen), das Aufnehmen von noch mehr Kohlehydraten in Form von Bagels und Bananen, das Einschmieren der Brustwarzen und der Innenseiten der Oberschenkel mit Vaseline, die Kontrolle von Uhr, Pulsmesser und Kleidern. Beim Startschuss um Punkt zwölf Uhr war ich entspannt und zufrieden.

Als ich nach zwei Kilometern meinen Pulsmesser konsultierte, sah ich, dass ich mit 138 unter meinem Grenzwert von 145 lief, den ich mir für die ersten 30 Kilometer vorgenommen hatte. Dasselbe bemerkte ich auch nach fünf

Kilometern, obwohl ich durch kurzes Kopfrechnen anhand der Zwischenzeiten auf meiner Uhr feststellte, dass ich schneller unterwegs war als je zuvor. Auch nach zehn Kilometern und bei der Halbmarathon-Marke hatte sich dies nicht verändert. Ich lief, lächelte und genoss das Erlebnis, die begeisterten Zuschauer mit ihren witzigen, motivierenden Plakaten, die vielen Helfer an jedem Wasserstand mit ihren Anfeuerungsrufen („good job, you look great"), die liebliche Landschaft und die sauber herausgeputzten Dörfer und Kleinstädte, die man durchlief.

Die Erkenntnis

Als ich an dem renommierten Wellesley College und seinen kreischenden, die Läufer vorwärts schreienden Studentinnen vorbeilief, hatte ich im Bruchteil einer Sekunde die Erkenntnis! Ich hatte in diesem Augenblick endlich begriffen, was ich in all den Jahren zuvor nicht verstanden hatte:

Erst wenn man sich spirituell und körperlich im Gleichgewicht befindet, kann man ohne Leiden und ohne übergroße Kraftanstrengung Leistungen erbringen, die man zur Verbesserung der körperlichen Fitness und zur Erhöhung des Selbstwertgefühls anstrebt. Das, und nur das, ist das Erstrebenswerte.

> *Erst wenn man sich spirituell und körperlich im Gleichgewicht befindet, kann man ohne Leiden und ohne übergroße Kraftanstrengung Höchstleistungen vollbringen.*

Ja, das war's! Die ganze Theorie des großen Leidens, das man als Teil des Hinstrebens auf das große Ziel in vielen Heldenepen immer wieder zelebriert, ist für Menschen in meinem Alter ein Irrweg. Das Leiden ist nicht ein Preis, den es unweigerlich zu zahlen gilt, wenn man sich etwa für einen Marathon entscheidet. Nein, die unvergleichlich eindrücklichere Stufe erreicht man erst, wenn man eine überdurchschnittliche Leistung mit offenem Herzen und ohne Raubbau am Körper erzielt.

Leiden als Lust?

Bislang allerdings wird das Leiden als Notwendigkeit, wenn nicht sogar als Quelle von Lust erlebt. Den Herausforderungen sind kaum Grenzen gesetzt: Neben den Stadtmarathons gibt es die Triathlons, die Doppeltriathlons, die 100-Kilometer-Läufe, den Marathon des Sables in der Sahara, das Race Across America und den Alpine Marathon in der Schweiz. Die Grenzen werden immer weiter ins Unermessliche verschoben; nur so ist den Teilnehmern noch Aufmerksamkeit gewiss. Und das Heldentum des Leidens wird auf diese Weise immer weiter überhöht. Lance Armstrong, der zweimal die Tour de France, das härteste Rennen der Welt gewonnen hat und dazwischen lebensbedrohend an Krebs erkrankt ist, gesteht in seinem spannenden Buch „Tour des Lebens", dass es ihm nicht um den Spaß oder um den Sieg geht, sondern allein ums Leiden. Je mehr er leidet, desto mehr genießt er. Er braucht das Leiden, um sich ganz zu spüren. Ist das ein Vorbild, dem wir nacheifern sollten?

Wie schnell und wie weit muss und soll man rennen, fahren und/oder schwimmen, bis es gut ist? Soll das Lustgefühl, das man beim Spüren der erhöhten Leistungsfähigkeit erfährt, dazu führen, dass man sich immer größere, extremere Ziele setzt? Dürstet man einfach nach „Leiden als Lust", wie es ein „Runner's"-Heft kürzlich aufs Titelblatt schrieb? Oder geht es gar um etwas ganz anderes?

Rein aus medizinischer Sicht ist die Antwort klar: Bereits das Abspulen eines Marathons auf dem Asphalt einer Großstadt ist für die Gelenke belastend, nur das Training, das man für dieses Ereignis absolviert hat, ist aus medizinischer Sicht zu empfehlen. Aber ohne Ziel gibt es eben für die meisten von uns keinen Weg.

Alles, was über die Leistung hinausgeht, die man bei einem Marathon zu erbringen hat, mag für die Seele, nicht aber für den Körper bekömmlich sein. Das Endorphin, das bei längerer Anstrengung ausgeschüttet wird, kann süchtig machen, wie jeder Langstreckenläufer weiß. Für viele ist es hingegen der Schmerz und die Überwindung des Schmerzes, was sie zu immer extremeren Leistungen treibt. Wer sich im Ruhezustand nie richtig spürt, der spürt sich ganz sicher im Augenblick des Schmerzes. Die Grenzen, wo dieses Ereignis die gewünschte Wirkung erzielt, können je nach Persönlichkeitsstruktur immer weiter nach oben verschoben werden.

Auch ich habe schon im Training, etwa in der zweiten Stunde des Laufens, euphorische Ideen von der Teilnahme an einem Ultrawettbewerb entwickelt. Wenn ich mich noch etwas mehr anstrenge, sagte ich mir, dann kann ich noch mehr, noch weiter.

Die eigenen Grenzen kennen

Ich habe das wieder verworfen. Mehr ist nicht unbedingt besser. Jeder sollte für sich seine Grenze finden und der

Versuchung widerstehen, sie wider alle Vernunft immer weiter hinauszuschieben. Beim einen ist das Ziel ein Zehn-kilometerlauf, beim anderen ein Halbmarathon, beim Drit-ten ein Marathon oder ein Bergrennen auf dem Mountainbike oder dem Rennrad. Es sind die Maßlosen, die immer wieder den ultimativen Kick haben müssen, bloß um ihn kurz da-rauf neuerlich übertreffen zu müssen.

> *Mehr ist nicht unbedingt besser. Jeder sollte für sich die eigene Grenze finden.*

Der 37-jährige Schweizer Beat Knechtle sagt über die Ironman-Wettkämpfe, die 1,8 Kilometer Schwimmen, 180 Kilometer Radfahren und 42 Kilometer Laufen umfassen: „Das ist nur eine Hetzerei. Die Teilnehmer haben keine Zeit für Sprüche, und im Ziel liegen sie am Boden – das kann doch nicht Sport sein." Sport ist für ihn vielmehr der Ultra-triathlon, wo er bei der Weltmeisterschaft die Bronzeme-daille gewann. Das Programm: 38 Kilometer Schwimmen, 1800 Kilometer Radfahren und 420 Kilometer Laufen...

Andrea Clavadetscher, der im Sommer 2001 das Race Across America gewann, das auf dem Fahrrad ohne jede Pause über 4600 Kilometer von Oregon bis Florida führt, konnte danach wochenlang weder schmerzfrei sitzen noch gehen. „In den letzten Renntagen habe ich von meinem Körper alles gegeben, ohne Rücksicht auf alle Schmer-zen", sagte er mir in einer TV-Sendung. „Ich wollte im dritten Anlauf endlich gewinnen." An Langzeitschäden glaubt er nicht. „Die kommen erst in 30 Jahren", erklärt dazu der Schweizer Sportarzt Walter Frey, Leiter der Schulthess-Sportklinik in Zürich.

Der hoch begabte Bergsteiger Reinhold Messner, der die Achttausender ohne Sauerstoffmaske bestiegen hat, ist für die Ironie des Schicksals von Hochleistungsmenschen das Vorzeigebeispiel. Verzweifelt sucht er sich etwa im Polareis neue, noch größere Herausforderungen, um dann vor dem eigenen Haus von der Mauer zu fallen und sich dort erstmals ernsthaft zu verletzen.

Oswald Oelz, Chirurg und Spitzenalpinist mit mehreren bezwungenen Achttausendern und Autor des Buches „Mit Eispickel und Stethoskop", sagte mir, dass er mit beinahe 60 Jahren besser klettere und schwierigere Routen wähle als früher. Und Reinhold Messner meinte über seinen Freund Oelz zu mir, dass dieser nur dann eine Expedition richtig genieße, wenn er dabei in Lebensgefahr gerate. Doch wie lange soll man versuchen, sich immer wieder mit noch größeren, extremeren Leistungen zu übertreffen? Die Versuchung ist natürlich beinahe übermächtig, denn wie sonst könnte man sich beweisen, dass der Alterungsprozess bei einem selbst nicht greift.

Die verzerrten Gesichter der Rennfahrer in der Tour de France, wie sie sich die Alpe d'Huez hinaufquälen, um im Ziel völlig erschöpft vom Rad zu torkeln, sind keine Heldenposen, die es nachzuahmen gilt, sondern abschreckende Beispiele. Die ausgemergelten, verhärmten Gesichter von älteren, ambitionierten Marathonläufern sind keine Beweise für das Erreichen einer höheren Dimension, sondern Dokumente von Überforderung. Die zerfetzten Füße der Teilnehmer am Marathon des Sables sind wohl Zeichen einer überdimensionalen Willens- und Leidenskraft, aber gleichzeitig auch ein Beleg für bewusst selbstzerstörerisches Handeln. Die fahlen Gesichter und die leeren Augen der meisten älteren Teilnehmer am ultraschwierigen Swiss Alpine Marathon in Davos, die nach acht oder neun Stunden ins Ziel taumeln wie die versprengten Überreste einer geschlagenen Armee, sind für mich Beispiele für die Fehlentwicklung der modernen Fitnessbewegung.

Was der Körper des jungen Menschen meist wieder korrigieren kann, ist in unserem Alter nicht mehr möglich. Der junge Körper kann sich Eskapaden erlauben, der ältere nimmt bei einem solchen Versuch bleibenden Schaden. Wenn man jung ist, kann man es mit Kraft versuchen. Wenn man älter als 40 ist, muss man genau dies vermeiden – selbst wenn es sich um einen Marathon handelt.

Als ich am Abend nach meinem letzten New York Marathon meinem Freund erklärt hatte, dass diese Distanz für Menschen unseres Alters zu lang sei, war ich haarscharf an einer richtigen Beurteilung vorbeigeschrammt. Für mich in meiner damaligen körperlichen und seelischen Verfassung waren die 42 Kilometer zu lang und belasteten meinen Körper übermäßig. Dies hatte ich deutlich gespürt. Eine bessere spirituelle und körperliche Vorbereitung hätte sich allerdings ganz anders ausgewirkt. Nicht die Altersgrenze ist es also, die entscheidet, sondern die Möglichkeit, den Wettkampf zu beenden, bevor man seine Muskeln und andere Körperteile traumatisiert.

Ausschlaggebend für die Entscheidung für oder gegen einen Marathon sollte die mentale Einstellung dazu sein. Man muss auch den Wettkampf beenden können.

Spitzensportler wenden Methoden des mentalen Trainings an, um ihre Ziele zu erreichen. Dies ist für Menschen, die nicht mehr ganz jung sind, noch viel wichtiger, auch wenn sie nicht um olympische Medaillen kämpfen wollen, sondern nur innerhalb ihres Leistungsspektrums an erweiterte Grenzen gelangen möchten. Dabei sollten sie aber im Gegensatz zu den Weltklasseathleten den letzten Schritt in den körperlichen Raubbau vermeiden. Wenn sie sich im innerlichen Gleichgewicht befinden, können sie sich kontinuierlich selbst lesen und die optimale Taktzahl laufend festlegen. Durch Erfahrung wissen sie instinktiv, wie viele Reserven sie für die restliche Distanz noch benötigen.

Leicht und mühelos

Ich schien den so berüchtigten „Heartbreak Hill" – der in Boston perfiderweise genau am kritischen Punkt jedes Marathons, nämlich bei Kilometer 34 zu nehmen ist – förmlich emporzufliegen. Als ich eine Läuferin neben mir sagen hörte, dass wir bereits oben angelangt seien, konnte ich es kaum fassen. Alles fühlte sich leicht und mühelos an. Selbst als ich in der Ferne die Hochhäuser von Downtown Boston erstmals ausmachte, konnte ich mein Tempo beibehalten. Aber ich forcierte jetzt nicht, wollte nicht noch ganz zum Schluss den Puls in den roten Bereich hinauftreiben, nur um vielleicht einige Sekunden zu gewinnen. Und als ich in die mit Zehntausenden begeisterter Zuschauer gesäumte Boylston Street mit dem riesigen Zielportal am Ende einbog, realisierte ich, dass ich während des ganzen Rennens niemals aufgehört hatte zu lächeln.

Mit 3 Stunden 27 und einem Schnitt von etwas weniger als 5 Minuten pro Kilometer hatte ich einen klaren persönlichen Rekord erzielt. Dies nahm ich als beinahe logische Beigabe zum soeben Erlebten auf. Ich hatte mich nie verkrampft, war nie in eine Krise geraten, also musste ich einfach schneller gelaufen sein. Es war fantastisch: lockerer und schneller zugleich – wie war dies noch zu überbieten?

Schon wenige Minuten nach dem Einlauf war mein Ruhepuls wieder normal, und anders als bei früheren Marathons war das große Schlottern nach dem Zieleinlauf ausgeblieben. Auf eindrücklichste Weise meldete mir also mein Körper, dass ich ihn erstmals bei einem Marathon nicht missbraucht hatte. Auch in den folgenden Tagen verspürte ich nur einen ganz leichten Muskelkater in den Oberschenkeln, andere Beschwerden hatte ich nicht. Obwohl ich beinahe 15 Jahre älter und viel schneller im Ziel eingelaufen war als bei meinem allerersten New York Marathon, hatte ich viel weniger physische und mentale Kraft verbraucht.

Endlich hatte ich begriffen, was mir vor vielen Jahren beim Lesen des Buches „Zen in der Kunst des Bogenschießens" für mein eigenes Leben noch verschlossen geblieben war: Nur wenn man sein Ziel ohne Anstrengung und mit vollem Bewusstsein erreicht, gelangt man in eine höhere Dimension. Das taoistische Prinzip ist es, das auf Menschen unserer Generation zugeschnitten ist.

Und es ist beileibe nicht nur ein Bogenschuss, den man unter genauer Beobachtung des eigenen Atems und ohne übermäßige Anstrengung ganz genau ins Ziel steuern kann. Dasselbe Prinzip gilt sogar für einen Lauf von 42 Kilometern! Wenn alles im Gleichgewicht ist, kann man auch scheinbar gewaltige Leistungen leicht und ohne zu leiden erbringen – und dazu muss man ganz und gar kein Supersportler sein.

Eine neue Sphäre

Ich hatte an diesem Patriot's Day in Boston also etwas unglaublich Wichtiges gelernt. Dieser Marathon hatte mich in eine neue Sphäre getragen. Die übliche Trennung zwischen sportlichen und spirituellen Erlebnissen war zum ersten Mal weggewischt, und dies erfüllte mich mit einer noch nie erfahrenen Kraft und Zufriedenheit. Ich war mir sicher, dass mir dieses Vorstoßen in eine neue Dimension den Weg für die Zukunft weisen würde, und zwar im Wissen, dass ich diesen besonderen Augenblick nicht einfach wiederholen könnte. Dazu müssen so viele Dinge zusammenpassen, und das ist eben nicht jedes Mal zu schaffen. Aber die Richtung, den Weg, die kannte ich nun, und ich würde sie niemals mehr vergessen. Und vielleicht würde ich zu einer anderen Zeit und möglicherweise auch in einer anderen Disziplin wieder in diesen Bereich vorstoßen.

Noch am selben Abend saß ich überschwänglich im Flugzeug nach Zürich. Erst zu Hause realisierte ich, dass ich ganz zum Schluss doch noch einen gravierenden Fehler begangen hatte. Denn so wie ich mich mit meiner Esalen-Woche optimal auf Boston vorbereitet hatte, so hätte ich die Zeit danach planen sollen. Doch die Bedürfnisse des Lebens hatten eine schnelle Rückkehr erfordert.

Als ich am folgenden Tag mit den sich in meiner Abwesenheit angehäuften beruflichen Problemen konfrontiert wurde, fühlte es sich an, als ob ich doch noch in die „Mauer" gelaufen sei, die ich in Boston nicht erlebt hatte. Blitzartig wurde ich von meinem psychischen Hochgefühl heruntergezerrt, ohne dass ich die dafür notwendigen Gegenkräfte mobilisieren konnte – genauso wie es auf den letzten Kilometern eines Marathons passieren kann. Denn um die Gestalt zu vollenden, um in den Worten von Fritz Perls zu sprechen, hätte ich langsam und vorsichtig und nicht ruckartig in die Welt des Alltags zurückkehren sollen.

Und noch etwas war mir klar geworden: Dieses außergewöhnliche Erlebnis steht jedermann offen, und zwar in einem Kontext, der für den einzelnen Menschen der richtige ist. Es ist keineswegs beschränkt auf das Laufen eines Marathons, da ein solches Unterfangen immer nur für einige wenige in Frage kommt. Jeder muss sich sein eigenes Ziel formulieren und sollte auf dem Weg dorthin Grundsätze beachten, wie ich sie beschrieben habe. Nur so verhindert man, dass man blindlings auf etwas zusteuert, bei dem hinterher der Schaden den Nutzen überwiegt.

Das eigene Ziel formulieren

Um in neue Sphären vorzustoßen, sind natürlich sanfte Methoden, die man anstelle oder auch zusätzlich zum Ausdauersport anwenden kann, besonders geeignet. Dazu gibt es eine Vielzahl von Techniken, die gerade auf Menschen in unserem Alter zugeschnitten sind. Moshé Feldenkrais entwickelte eine Methode, bei der mit sanften Bewegungen Erstaunliches erreicht werden kann. Ähnliches gilt für Tai Chi, Qi Gong und einige fernöstliche Kampfsportarten wie Aikido.

Und dann ist da noch der Tanz, die älteste spirituelle Ausdrucksform der Menschheit, die sich in allen Kulturen findet. Tanzen kann ganz klar eine therapeutische Wirkung haben. Gabrielle Roth, die in den 60er Jahren als Hippie alle Bereiche dieser Bewegung aktiv und persönlich erforscht hat, entdeckte das Tanzen als Inhalt für die Menschen unserer Zeit. „Der schnellste Weg, um das Hirn zu beruhigen, ist, den Körper zu bewegen", empfiehlt sie uns Westlern, die wir einen nicht immer einfachen Zugang zur fernöstlichen Ruhemeditation haben. Wer seine Psyche in Bewegung bringt, wird sich selbst heilen, meint sie. Und dabei denkt sie ans Tanzen.

Die Übungen, die sie vorschlägt, verlangen weder ein besonderes Temperament noch spezielle Fertigkeiten, wohl aber eine entsprechende Musikdramaturgie, welche die unterschiedlichen Gemütszustände hervorbringen kann. Das von ihr entwickelte Programm führt von langsamen Bewegungen zu ekstatischen Zuständen und wieder zurück in die Ruhe. Das kann eine, zwei oder mehr Stunden dauern.

Auch Benji Langdon, mein ehemaliger Workshop-Leader von Esalen und seit vielen Jahren mein Freund, betont heute sanfte Praktiken, bei denen das Körperbewusstsein im Zentrum steht. Er gibt mittlerweile Kurse in Bali, in China und den USA und arbeitet dort mit gestressten Managern, die von ihm Erleichterung für ihr unbefriedigendes Lebensgefühl erhoffen. Benji verwendet jetzt vor allem Elemente von Feldenkrais, setzt Massage und Tanz ein, um so seine Kursbesucher für neue Erfahrungen zu öffnen. Er selbst ist ein fantastischer Tänzer, obwohl er beileibe keine Athletenfigur hat. „Je länger ich diese Arbeit mache", sagt er, „desto vorsichtiger und behutsamer gehe ich ans Werk. Früher versuchten wir, mit kraftvollen Methoden ans Ziel zu kommen. Aber gerade für Menschen, die etwas älter geworden sind, bin ich mir bei diesem Ansatz nicht mehr so sicher."

Die körperliche Bewegung sollte also ein wichtiger, integraler Teil des Lebens von Menschen unserer Generation sein. Und es scheint mir, dass man die größten Glücksgefühle erlebt – sei es beim Tanzen oder bei einem Marathon –, wenn man sich hie und da vorsichtig in Grenzbereiche begibt. Hierhin gilt es sich vorzuwagen, und hier sollte man auch innehalten.

> *Solange man bei seiner körperlichen Bewegung noch ein Lächeln auf den Lippen hat, ist man sicher auf dem richtigen Weg.*

Solange man noch ein Lächeln auf den Lippen hat, kann es nur etwas sein, das die Lebenslust unterstützt. In Boston habe ich es ein für alle Mal gelernt.

Spiritualität 6

Beinahe zufällig, so schien es mir damals, bin ich in den Bereich der Spiritualität vorgestoßen. Mitte der 80er Jahre reiste ich während einer längeren USA-Reise auf Empfehlung einer Freundin ins Esalen Institute, das an der atemberaubenden Steilküste von Big Sur in Kalifornien liegt. Esalen wurde in den 60er Jahren von zwei jungen Wissenschaftlern, Michael Murphy und Dick Price, gegründet, um neue Lebensformen und Techniken zu erproben, und entwickelte sich bald zum bekanntesten New-Age-Zentrum der Welt. Durch ständige Erneuerung konnte es sich diesen Ruf über die Jahrzehnte hinweg erhalten.

In einem Einführungskurs – „Experiencing Esalen" – wurde unsere Gruppe am dritten Tag von Benji, auch er wie die meisten der „Workshop Leader" ein ehemaliger Hippie, durch die Atemtechnik von Stanislav Grof geleitet. Mit dieser Methode wird man mit einer präzise geführten Form von Hyperventilation, einer Art stufenweisem Hecheln, ohne jegliche Einnahme von Drogen in einen neuen Bewusstseinszustand versetzt. Ich spürte, wie meine Arme und Beine sich immer weniger bewegen ließen, wie sich mein Herz zu meinem größten Erstaunen in einer Weise öffnete, wie ich es noch nie erlebt hatte. Ich hatte das Gefühl, dass ich mich zum ersten Mal in meinem Leben richtig spürte, dass ich unter Ausschaltung des Getöses der Welt an meine wahren, meine echten Bedürfnisse gelangte. Tränen strömten über mein Gesicht, die ich weder kontrollieren konnte noch kontrollieren wollte. Als ich etwas später – das Zeitgefühl hatte ich vollständig verloren – von Benji mit sanfter Musik in die Realität zurückgeführt wurde, hatte ich den spannendsten Trip meines Lebens hinter mir. Eine neue Welt hatte sich für mich geöffnet, von der ich vorher nicht wusste, dass sie existierte, in mir selbst, tief in meiner Brust, vergraben in meinem Herzen.

Forschungsreise zu sich selbst

Von nun an begann ich, mich mit mir zu beschäftigen, begann, neue Grenzen in mir selbst zu erforschen. Vorsichtig, mit vielen Pausen, aber mit dem neu erworbenen Wissen, dass das Äußerliche dieser Welt – der Applaus, der Erfolg, das Geld – nur ein Teil jener Dinge ist, die mir in meinem künftigen Leben zur Verfügung stehen würden. Zum ersten Mal war ich mir wirklich wichtig geworden. Meine Forschungsreise zu mir selbst hatte im Alter von 42 Jahren begonnen.

Dieses Ereignis hat mein Leben auf sanfte, aber nachdrückliche Art verändert. Ich bin weder aus dem Berufsleben ausgestiegen noch habe ich mich einer esoterischen Gruppe angeschlossen. Auch habe ich mir keinen Guru gesucht, wie das viele andere getan haben. Aber die Erfahrung, dass es neben der sichtbaren Welt des Äußerlichen noch eine andere, spannende Welt in mir selbst gibt, die ich im Lärm des Alltags allzu leicht vergesse, ging nie ganz verloren. Und immer wieder habe ich den Weg zurück gesucht, bin für Tage oder Wochen zu mir selbst vorgedrungen, um das in Esalen erstmals erfahrene Gefühl wieder erleben zu können.

Im Laufe der Jahre ist die Erkenntnis gewachsen, dass dieser Bereich des Spirituellen mit zunehmendem Alter an Bedeutung und Aufmerksamkeit gewinnen muss, damit man sich und seiner Seele gerecht wird. Nur wer diese Tür aufstößt, ist für die künftige Lebensreise gerüstet. Denn die Wiederholungen, welche das tägliche Leben mit all seinen spannenden Erfahrungen und Erfolgserlebnissen zwangsläufig beinhaltet, lähmen langfristig die Entdeckungsfreude.

> *Erst das Entdecken der eigenen Spiritualität öffnet die Tür zu neuen Dimensionen des Erlebens.*

Noch ein Land, noch ein Strand, noch eine Liebe und noch ein neues Betätigungsgebiet – all das kann nicht zur Erfüllung, zum Glück und zur Lebenslust führen. Die Déjà-vu-Effekte häufen sich in immer schnellerer Folge, und die Möglichkeiten für völlig neue Erfahrungen werden umso mehr beschnitten, je länger die Zeit der immer gleichen Erfahrungen andauert. Der einzige Ausweg, um eine weitere Dimension zu erleben, ist das Entdecken der Spiritualität.

Vielfältiges Angebot

Die Suche nach Spiritualität ist unter dem Sammelbegriff Esoterik die am schnellsten gewachsene Bewegung des letzten Jahrzehnts gewesen. Die Buchhandlungen quellen

über von esoterischer Literatur. Das in Zeitungen und spe-
ziellen Zeitschriften präsentierte Kursangebot wird immer
vielfältiger. Laufend werden neue exotische Techniken
angepriesen, da man einer nach dem letzten asiatischen
Trend lechzenden Klientel immer wieder neue ultimative
Wunderlösungen offerieren muss, um das Estorik-Business
in Schwung zu halten.

Es ist meiner Meinung nach nicht wichtig, für welche
der konkreten Techniken man sich entscheidet. Es gibt eine
Vielzahl von Möglichkeiten und Wege, zu seiner eigenen
Spiritualität zu gelangen. Dabei sind die sanften Methoden
vorzuziehen, vor allem natürlich die Meditation in ihren
vielen Formen. Es ist ein bedeutender Schritt im Leben
eines jeden Menschen, wenn man sich von einem geübten
Lehrer in diese Praktiken einführen lässt, die man dann
allein oder in der Gruppe ausüben kann.

Baghwan, der wohl bekannteste Guru der 70er Jahre, hat
in seinem Zentrum in Poona in Indien für seine vorwie-
gend westlichen Jünger verschiedene Meditationen entwickelt, die er für uns Nichtasiaten geeignet hielt. So begann
der Tag im Aschram jeweils mit einer knappen Stunde
„dynamischer Meditation", bei der zu rhythmischer Musik
mit schweißtreibenden Tanzrhythmen meditative Zustände
erlebt werden konnten. In der Bewegung lässt sich das
meditative Gefühl des Loslassens ebenso erreichen wie in
der klassischen Form der Bewegungslosigkeit, erkannte
Baghwan. Erst zum Abschluss wandte man sich im
Aschram der stillen Meditationsform zu.

Auch das Joggen kann, wie ich früher beschrieben habe,
eine Form der dynamischen Meditation sein, ebenso wie
das Tanzen zu Techno- oder Trance-Rhythmen. Gemein-

sam ist die Wiederholung derselben Bewegungen über einen längeren Zeitraum hinweg, was den Geist in einen meditativen, befreienden Zustand versetzen kann.

Meditation als Lebensverlängerer

Zu lernen, die innere Ruhe und Stille zu finden, ist der Kern beinahe jeder mystischen und spirituellen Tradition seit dem Beginn der Menschheit. Die Wege, die dahin führen, sind vielfältig und tragen Namen wie innere Kontemplation, Meditation, Bewusstseinsübungen oder Gebet. Die positiven Effekte der Meditation sind messbar, wie Studien am Meru Research Institute in Großbritannien bewiesen haben. Personen, die regelmäßig meditieren, erschienen sieben Jahre jünger als der Durchschnitt ihrer Altersgenossen, und zwar in Bezug auf Funktionen wie Hören, Sehen und Blutdruck. Am

> *Regelmäßig ausgeübte Meditation führt nachweislich zu einer Verlangsamung des Alterungsprozesses.*

selben Institut wurde herausgefunden, dass sich die Leistungen in Motorik, Kreativität und optischem Gedächtnis steigern, je länger eine Person meditiert. Regelmäßige Meditation führt zu niedrigerem Blutdruck und langsamerem Puls, stärkt die Immunkräfte des Körpers und baut das Stresshormon Cortisol ab. So ist Meditation eine wissenschaftlich erprobte, legale „Droge" zur Verbesserung von körperlichen Funktionen – ganz abgesehen von den höheren, spirituellen Wirkungsweisen.

Unser Lebensstil ist oft das genaue Gegenteil. Als Moderator erlebe ich auch in der tausendsten TV-Livesendung, wie mein Adrenalinspiegel jeweils spätestens beim ersten

Blick ins Rotlicht der Kamera emporschnellt und auch Stunden nach der Verabschiedung noch erhöht ist. An Schlaf oder auch nur an Ausruhen ist oft während langer Zeit nicht zu denken.

Diese Reaktion des Körpers half unseren Vorfahren, sich vor unerwarteten Gefahren in Sicherheit zu bringen, etwa vor den Angriffen wilder Tiere. Das Hormon Adrenalin bereitet uns für besondere Situationen vor, indem es unseren Puls erhöht, ebenso wie den Blutdruck und den Zuckerspiegel. Damit wird mehr Blut in unsere Muskeln geleitet, was unsere Überlebenschancen in Extremsituationen verbessert. Doch nach Jahren der übermäßigen Ausschüttung von Adrenalin und dem Stresshormon Cortisol können Nervenzellen im Gehirn beschädigt werden. Börsenhändler erleben das ebenso wie TV-Moderatoren und viele andere Menschen in Stressberufen. Die Folge ist oft ein Burnout-Syndrom bereits in frühen Jahren, ein Gefühl der inneren Leere bis hin zum völligen Ausgebranntsein. Nur eine Änderung des Lebensstils kann den Zusammenbruch verhindern oder sogar gewisse Abnützungserscheinung umkehren. Ich habe die ersten Anzeichen dieser Symptome in Form von unerklärlicher Müdigkeit und Unlust an mir erkannt und dann allzu oft tunlichst mit Aktivitäten überspielt.

In unserer Leistungsgesellschaft ist es alles andere als einfach, nicht von den Zwängen und Ansprüchen des Alltags mitgespült zu werden. Immer gibt es gerade etwas, das weniger mühselig oder dringender erscheint, als sich eine Auszeit für Meditation zu nehmen: der Beruf, die Familie, das Lauftraining, das Fernsehprogramm. Ich erlebe das immer wieder, und es braucht manchmal einen bewussten

Akt – etwa eine Reise zu einem spirituellen Workshop –, um in diese Welt zurückzugelangen. Bewusst das Hier und Jetzt zu erfahren ist etwas, das wir im Laufe unserer eigenen Entwicklung vom Kind zum Erwachsenen verlernt haben.

Böse Kräfte

Diese Sehnsucht hat viele Menschen in spirituelle Gemeinschaften geführt, um dort ihre Bedürfnisse befriedigen zu können. Doch oft endet diese Suche mit schmerzlichen Enttäuschungen, denn in diesen Umfeldern stößt man nicht nur auf erleuchtete Menschen, sondern vielfach auf alle Abgründe der Gesellschaft, und zwar nicht nur in Sekten wie den Scientologen: Es wird gestohlen, gelogen, gemobbt, und die Lehrer haben Sex mit ihren Schülerinnen. Die Konflikte können oft eine besondere Schärfe erreichen, weil die Ansprüche der Einzelnen an ihr Umfeld in diesen Gruppen größer sind als anderswo. Schließlich ist man nicht von Menschen umgeben, die sinnentleert vor sich hin vegetieren, sondern mit Personen auf der Suche nach höheren Erkenntnissen. Und in einer solchen Umgebung wird alles viel deutlicher erlebt.

So musste eine spirituelle Gemeinschaft in Kalifornien den renommierten koreanischen Lehrer und erfolgreichen Autor Thich Nhat Hanh aus Frankreich kommen lassen, um eine Auseinandersetzung zwischen zwei bitter verfeindeten Gruppen zu schlichten. Die Baghwan-Gemeinschaft ging in einer Orgie von Gewalt, Bespitzelung und finanzieller Bereicherung unter. Und der selbst ernannte dänische Lama Ole Nydhal, der weltweit Hunderte von Zentren aufgebaut hat, bedient sich freizügig an Sexgespielinnen aus dem Pool seiner ihn verehrenden Jüngerinnen.

Ich habe einen solchen Konflikt hautnah erlebt. Daniel war mein Yogalehrer, der mich in einer besonders schwierigen Lebenssituation nach dem Leberkrebstod meiner Lebenspartnerin begleitet und mich dabei in seine Welt eingeführt hat. Wir verbrachten einmal eine ganze Woche mit einer Gruppe in Südfrankreich, bei der zu makrobiotischer Kost Yoga und Meditation praktiziert wurden. Daniel hatte die sanfteste Stimme, die ich je gehört hatte, und besaß die besondere Gabe, zwischenmenschliche Beziehungen ganz intensiv werden zu lassen.

Daniels Lehrer führte eine Yogaschule in Deutschland, die in vielen Ländern Kurse durchführte. Er veröffentlichte Bücher, veranstaltete Vorträge mit riesigem Zulauf und erweiterte sein Tätigkeitsfeld immer weiter. Eines Tages besuchte er mich mit einer Schreckensmeldung. Einige der Yogalehrer hätten sich vom Meister abgewendet und würden nun ihre Kräfte dazu benützen, den Meister und viele seiner engsten Mitarbeiter krank zu machen. Die ersten Krankheitsfälle seien bereits aufgetreten, und es sei das Schlimmste zu befürchten, selbst der Tod des Meisters, der damals noch keine 50 Jahre alt war.

Auch Daniel selbst hatte die negative Energie verspürt, und man sei nun verzweifelt daran, Gegenstrategien zu entwickeln, um sie abzuwehren, indem man die eigene psychische Stärke mobilisiere. So wolle man auch verhindern, dass diese Abtrünnigen die öffentlichen Vorträge besuchen könnten, um dort ihr Unwesen zu treiben. Und wirklich, Daniel wirkte blasser, schwächer als sonst, obwohl er einen vorbildlichen Lebenswandel ohne jegliche gesundheitsschädigenden Eskapaden führte. Ja, er fühle sich krank und in einer rasenden Sorge um die Gesundheit seines Lehrers. So waren er und seine ganze Gemeinschaft in eine selbstzerstörerische Spirale geraten, aus der sie sich – gefangen in ihrem selbst errichteten Weltbild – nicht mehr zu befreien wussten.

Diese selbstzerstörerischen Kräfte in solchen strengen, durch klare Regeln strukturierten Gemeinschaften und Sekten können eine unkontrollierbare Brisanz erlangen, der sich die voll in jene Welt eingetauchten Mitglieder nur sehr schwer entziehen können. Es werden gefährliche, unkontrollierbare Mechanismen in Gang gesetzt, wenn man sich bedingungslos in ein solches Umfeld begibt, und etwas anderes als die bedingungslose Hingabe wird nicht toleriert.

Die Suche nach Spiritualität kann so zu einer lebensbedrohenden Abhängigkeitssituation führen. Und da es vor allem offene, sensible und verletzliche Menschen sind, die sich auf die Suche nach Spiritualität begeben, können gerade sie besonders wenig Abwehrkräfte selbst gegen offensichtlich negative Entwicklungen mobilisieren. Deshalb ist äußerste Vorsicht geboten, wenn man sich quasi bedingungslos einem solchen Umfeld anschließt oder sich auch nur in seine Nähe begibt. Ich selbst hatte immer eine klare, zweifelsfreie Abneigung gegen eine persönliche Teilnahme in einer heilsbestimmten, gurugeprägten Umgebung.

Die Kritiker

Natürlich sind inzwischen die Kritiker angetreten, die ohne Mühe solche extremen Formen der Esoterikbewegung desavouieren. Der Schweizer Sektenexperte Hugo Stamm geht aber in seinem Buch „Achtung Esoterik" einen Schritt weiter. Er verdammt beinahe alles, was unter dem Namen Esoterik zusammengefasst wird, wenn er etwa schreibt: „Es besteht deshalb die Gefahr, dass die Beschäftigung mit fragwürdigen übersinnlichen Phänomenen die persönlichen Probleme verschärft." Und: „Die jüngsten Entwicklungen der modernen Esoterik sind aber denkbar schlecht geeignet, die ‚Wahrheit' zu finden und Selbsterkenntnis zu erlangen." Oder: „Im Zentrum steht der Esoteriker als Kunde und nicht als Wahrheitssuchender."

Damit erzeugt Hugo Stamm Angst, er warnt Menschen, sich in neue Gefilde vorzuwagen, in denen sich natürlich – wie in fast allen Bereichen, wo man „Kunden" sucht – auch gefährliche Scharlatane und Heilsbewegungen tummeln. Er hält damit aber gerade auch viele Menschen unseres Alters davon ab, sich mit ihrer Spiritualität zu befassen, indem er mit dem bösen Wolf der Astralen Lichtheiler und ähnlicher Hokuspokus-Sektierer droht. Im persönlichen Gespräch gibt Hugo Stamm zu, dass er selbst keine Erfahrungen im Esoterikbereich gemacht hat, weil er immer wieder angstvoll zurückgeschreckt sei.

Das ist schade für ihn und schade für alle, die seiner These folgen und sich so einem zentralen Bereich ihrer eigenen Persönlichkeit verschließen. Natürlich verfolge ich, wie erwähnt, straffe Kaderorganisationen mit einem lebenden oder toten Guru auf dem Podest auch mit einiger Skepsis. Aber der Großteil des esoterischen Angebots ist völlig anderer Natur – und ist etwas Wertvolles, das der Generation vor uns nicht zur Verfügung gestanden hat.

Frauensache Esoterik?

Es sind natürlich vor allem die Frauen, die sich dieser neuen Welt geöffnet haben. Sie haben weniger Statussymbole zu verteidigen und weniger Mühe, Schwächen zu zeigen. Sie sind es, welche die Esoterikkurse bevölkern.

Und die Männer? Ich machte eine aufschlussreiche Erfahrung, als ich nach meinem phänomenalen Erlebnis in Esalen meinen Workshop-Leiter Benji aus Kalifornien in die Schweiz einflog, um meine Mitarbeiter an einem Wochenendseminar an der Welt der Bewusstseinserweiterung teilhaben zu lassen. Sie alle sollten auch ohne Reise an die Westküste Amerikas dieselbe Chance haben wie ich, in neue Dimensionen vorzustoßen.

Natürlich waren es vor allem die Mitarbeiterinnen, die sich anmeldeten, die Herren hielten sich meist mit irgendwelchen Ausreden fern. Einen kurzen Augenblick lang durchzuckte mich der Gedanke: Alle, die sich angemeldet haben, lassen wir zu Hause – die anderen aber müssen antreten, denn sie haben ein solches Seminar viel dringender nötig. Aber natürlich setzte ich diesen Plan nicht um. Denn nur, wer sich freiwillig öffnet, kann profitieren. Das ist die Krux, das ist die Schwelle, die es zu überschreiten gilt. Und deshalb können jene Managementseminare, bei denen die Direktion ihren Kader für ein Wochenende bei einem trendigen Business-Guru für irgendwelche Grenzerfahrungen aufbietet, nur in Ausnahmefällen die erwünschte Wirkung erzielen. Sie sind als Teil des Motivationsprogramms konzipiert, und als solche sind sie von echter Spiritualität meilenweit entfernt.

Auch persönlich hatte ich während dieses Wochenendes mit meinen MitarbeiterInnen ein einschneidendes Erlebnis. Während einer von Benjis Übungen wurde ich von einer Stimmung erfasst, die mir die Tränen übers Gesicht laufen ließ. Direkt vor mir saß meine Sekretärin, und es war mir bewusst, dass sie alles mitbekam. Einen ganz kurzen Augenblick lang erschrak ich, doch der Wunsch, mich nicht von äußeren Umständen ablenken zu lassen, war stärker. Etwas unsicher ging ich am folgenden Montag ins Büro. Hatte ich an Autorität verloren, war ich als Schwächling demaskiert?

Im Gegenteil. Das Verhältnis zwischen Chef und Sekretärin war von jenem Tag an herzlicher, besser und effizienter. Von nun an waren wir zwei Menschen, die durch ein spezielles Erlebnis miteinander verbunden waren.

Die eigenen Bedürfnisse ernst nehmen

Viele Menschen hält die Angst, Scharlatanen in die Arme zu laufen, von dem Schritt in die Spiritualität ab. Und tatsächlich kann ein Gang durch eine der in Mode gekommenen Esoterikmessen abschrecken. Da wird eine Vielzahl von obskuren Wundermethoden und Mittelchen angepriesen, und dies alles in einer aufgeräumten Jahrmarktstimmung. Da gibt es für wenig Geld Techniken im Angebot, mit denen man die Aura oder die Persönlichkeit eines Menschen am Computerbildschirm erfassen kann, da mit Strahlen und Messungen angeblich die schwierigsten psychischen und physischen Muster bestimmt werden können. Und jedes Jahr werden neue Allheilmethoden erfunden, die auf reges Interesse der neuigkeitshungrigen Esoterik-Gemeinde stoßen.

Ich gehe jeweils mit einem Schmunzeln durch diese Veranstaltungen, kaufe das eine oder andere Buch oder einige Räucherstäbchen, führe einige Gespräche und lasse mich von der Stimmung tragen, die bei aller vordergründigen Materialität eine gewisse, auf keiner reinen Konsummesse auch nur im Ansatz zu findende Leichtigkeit und Weltfremdheit hat. Und diese Stimmung ist es, die mich daran erinnert, mich wieder vermehrt mit mir selbst und meinen echten Bedürfnissen zu befassen.

> *Ohne Angst aber auch ohne allzu hohe Erwartungen sollte man sich den Möglichkeiten annähern, die zur eigenen Spiritualität hinführen.*

Ich glaube, dies wäre ein sinnvoller Ansatz für viele Menschen. Ohne Angst, aber auch ohne allzu hohe Erwartungen sollte man sich den Möglichkeiten annähern, die zur eigenen Spiritualität hinführen können. Nur wer dies tut, hat die Chance, all seine Möglichkeiten für die kommenden Jahrzehnte zu nutzen.

Sexualität: Use it or lose it

7

Es war ein Männertreffen, alle von uns knapp über 50, alle Jugend- oder Studienfreunde. Für ein Wochenende hatten wir uns zusammengefunden, um uns gegenseitig wieder einmal auszutauschen. Spät am Abend, nachdem wir über Politik, Karrieren und all das diskutiert hatten, über das man immer ohne allzu große persönliche Risiken diskutiert, warf einer der Teilnehmer ein Thema auf, das die einen sofort elektrisierte, für die anderen aber offensichtlich in äußerstem Maße unangenehm war.

„Wie steht es denn mit der Leidenschaft in unserem Alter?", fragte er in die Runde.

Leidenschaft? Das Wort schien aus einer fernen Vergangenheit zu kommen. Dabei war es früher doch im Zentrum unseres Lebens, stärker als alles andere gewesen, meinte einer. Die Leidenschaft beherrschte uns damals, als wir auszogen, die Welt für uns zu erobern.

Also sprachen wir jetzt erstmals miteinander über Leidenschaft, vorsichtig, so wie man sich in ein gefährliches Gebiet vortastet. Leidenschaft war die Vokabel, und dabei wussten alle, dass wir eigentlich über leidenschaftlichen Sex redeten.

„Heute ist die Leidenschaft abgelöst durch Vertrautheit und Gewohnheit mit meiner Frau", meinte einer. „Und ich sehe das nicht etwa negativ, sondern als eine neue Qualität." Niemand wollte direkt widersprechen. Doch irgendwie tönte es traurig. Nein, schlimmer noch: alt.

Wir blickten uns gegenseitig an, checkten uns auf einer neuen, ungewohnten Ebene heimlich aus. Wer von uns lebte ohne Leidenschaft? Wie war das Sexualleben der anderen? Spannender, abwechslungsreicher oder etwas eintöniger als das eigene?

Zentrale Bedeutung

Die durch den Alterungsprozess bedingten physischen Veränderungen führen zu einem Rückgang der sexuellen Leistungskraft des Mannes. Bei den Frauen sind die Mechanismen etwas anders, aber auch bei ihnen wirkt sich der sinkende Hormonspiegel aus.

Im Gegensatz zu allen anderen Lebewesen ist Sex für den Menschen in jedem Lebensalter viel, viel mehr als ein Mittel zur Erhaltung der Art. Vor allem bei den Männern spielt die Erhaltung der sexuellen Leistungsfähigkeit eine absolut zentrale Rolle, die beinahe noch wichtiger ist als der allgemeine Gesundheitszustand. Sie bestimmt das Bild, das man von sich hat. Das Selbstvertrauen wird vom Vertrauen in die eigene sexuelle Kraft maßgeblich beeinflusst. Hemingway sagte, kurz bevor er sein Gewehr nahm, um sich in den Mund zu schießen: „Was ist wichtig für einen Mann? Gesund zu bleiben, gut zu arbeiten. Essen und trinken mit seinen Freunden, sich im Bett vergnügen. Ich habe von all dem nichts gehabt – verstehst du, verdammt noch mal. Nichts von all dem!"

Ganz anders der frühere Skandalautor Henry Miller. Wie Erica Jong in ihrem Buch „Der Teufel in Person" beschreibt, sah der Tagesablauf des über 80-Jährigen neben Briefschreiben, Freunde empfangen und gutem Essen meist noch ein Stündchen Sex am Nachmittag vor, das er mit jungen, wechselnden Partnerinnen verbrachte, in die er sich gerade unsterblich verliebt hatte.

Der Satiriker Ephraim Kishon bestätigte die Wirksamkeit dieser Methode, als er mir in einer TV-Sendung erklärte, dass es beim Sex nicht darauf ankomme, wie alt der Mann sei, entscheidend sei nur das Alter der Frau. Als eine Zeitung diese Aussage nachdruckte, rief er mich erzürnt an und sagte, dass Sara, die beste Ehefrau von allen, nicht amüsiert reagiert habe. Offenbar gibt es zwischen dem Grundsatz der ehelichen Treue und dem Wunsch nach sexueller Aktivität gewisse Unvereinbarkeiten...

Die Praxis für Menschen in unserem Alter bedeutet meist gewisse Einschränkungen. Viele sind seit 20 oder gar 30 Jahren verheiratet, oft sogar mit denselben Partnern, und dies ist für die eheliche Sexualität erfahrungsgemäß nicht besonders förderlich. So zeigt etwa eine Untersuchung von Astrid Riehl-Emde an 200 Paaren aus dem Kanton Zürich, dass im ersten Jahr einer Beziehung mehr als zweimaliger Geschlechtsverkehr pro Woche

> *Mit zunehmendem Alter werden die Bindungen zur Umwelt geringer und Sex fällt immer öfter ganz weg.*

die Regel ist, dass aber in der Folge die Frequenz auf ein- bis viermal pro Monat abfällt, und zwar relativ unabhängig davon, ob die Partnerschaft fünf oder 20 Jahre dauert. Erst nach dem 30. Ehejahr ist eine noch weitere Abnahme des Beischlafs festzustellen.

Dies ist ein Teil der Entwicklung, im Zuge derer die Bindungen zur Umwelt mit zunehmendem Alter verkümmern, und zwar auf vielen Ebenen. Man schreibt und erhält weniger Briefe, gehört weniger Organisationen an, man geht weniger oft aus – und berührt Mitmenschen weniger und wird weniger von ihnen berührt. Und Sex fällt immer öfter unter den Tisch.

Die Spannkraft erhalten

In der traditionellen chinesischen Medizin gilt der Grundsatz, dass eine zu intensive sexuelle Tätigkeit die Lebenskraft Yin vermindert. Deshalb wurde das Konzept entwickelt, dass die Spermien vom Mann selbst beim Sexakt zurückgehalten werden. Dieses Prinzip findet sich auch in der tantrischen Lehre. Dort sollen die Männer ihren Orgasmus mittels Ejakulation so oft und so lange wie möglich zurückhalten, während für die Frauen eine Vielzahl von Orgasmen empfohlen wird. Das soll die sexuelle Spannkraft des Mannes erhalten.

Im Westen geht man in diesen Dingen von anderen Prinzipien aus. So lautet einer der gängigen, knackigen Grundsätze in den USA „Use it or lose it". Frei übersetzt: Nur wer regelmäßig erigiert (und ejakuliert), kann seine sexuelle Leistungsfähigkeit erhalten und bleibt somit jung. Im Laufe der Jahre sammelt sich im Penis immer mehr Kollagen, was den Blutfluss behindert und damit Erektionen erschwert. Nun ist es aber gerade die Durchblutung, welche die Ansammlung dieser unerwünschten Substanzen verhindert. Das heißt, Erektionen sind gut für Erektionen. Der menschliche Körper funktioniert in diesem Bereich also umgekehrt wie eine Maschine, die sich durch dauerndem Gebrauch abnützt.

Krankheit, Medikamente und das Fehlen einer entsprechenden Partnerschaft behindern den älteren Mann – alles Dinge, die man aktiv korrigieren kann. Bei Frauen nimmt die Fähigkeit und das Interesse an sexueller Erfüllung bis ins hohe Alter hingegen nicht massiv ab, sofern dazu Gelegenheit besteht – und gerade dies ist für viele Frauen das Hauptproblem.

Enthaltsamkeit killt die Lust

Wer sich in unserer Generation während längerer Zeit sexueller Enthaltsamkeit befleißigt, riskiert zudem ein Abfallen der Lust auf Sex, was sogar den allgemeinen gesundheitlichen Zustand beeinträchtigen soll. Die Produktion des Sexualhormons Testosteron wird beim Mann nur durch zwei Tätigkeiten wirklich gesteigert: durch Sport und durch Sex. Oder natürlich durch den Gang zum Arzt, der Testosteron-Pflaster oder -spritzen appliziert oder die gewünschte Wirkung künstlich durch das Verschreiben von Viagra zu erzielen versucht.

Dr. Michael Roizen schreibt in „RealAge", dass man sein biologisches, also sein echtes Alter um 1,8 Jahre reduziert, wenn man zweimal pro Woche Geschlechtsverkehr hat, während eine diesbezügliche tägliche Aktivität den einzelnen Mann um bis zu acht Jahre jünger erscheinen lässt.

Was also ist zu tun, damit wir in den kommenden Jahr-
zehnten die unvergleichlichen Segnungen einer aktiven
Sexualität erleben können? Dazu gibt es keine eindeutigen
Antworten, keine einfachen Lösungen. Es wird unsere
Aufgabe sein, die Sexualität in unser Leben zu integrieren,
ohne gleichzeitig als Seitensprung-Wiederholungstäter die
emotionalen und sozialen Beziehungen immer wieder aufs
Neue zerstören zu müssen.

Entspannende Beziehungen

Wer sich in einer Beziehung nicht entspannen kann, der
wird krank. Yoko Ono beschrieb genau dies als herausra-
gendes Merkmal und als Erfolgsrezept ihrer Beziehung zu
John Lennon. „Ich kann mich in seiner Gegenwart entspannen", sagte sie in einem Interview in der Dokumenta-
tion „Imagine". Das mache sie glücklich.

Dieser Mechanismus ist wissenschaftlich nachgewiesen
worden, und zwar in einer Langzeitstudie der Psychologin
Janice Kiecolt-Glaser von der Ohio State University. Sie
stellte fest, dass für die Qualität einer Beziehung die
Menge der Stresshormone beider
Partner entscheidend ist. Je höher die

*Eine stresshafte Beziehung
und eine unbefriedigte
Sexualität können krank
machen.*

Werte von Adrenalin oder Cortisol,
desto größer ist die Gefahr, dass
Beziehungen scheitern. Zudem wirken diese erhöhten Hormonwerte
auch gesundheitsschädigend und führen zu Depressionen,
Angsterkrankungen oder Herz-Kreislauf-Problemen. Vor
allem Frauen sind anfällig auf Stresssituationen in Beziehungen, und sie versuchen Stress übers Reden abzubauen,

während Männer es im negativen Fall über Alkohol und im positiven über Sport tun – oder sich, wie der amerikanische Psychologe John Gray sagt, in ihre imaginäre Höhle zurückziehen und ungestört sein wollen. Wenn der sexuelle Bereich nicht als befriedigend erlebt wird, kann dies zu einer ungesunden Zunahme von Stresshormonen führen. Abstinenz, die vom Partner oft als Ablehnung empfunden wird, kann krank machen.

Es hat sich in vielen Studien gezeigt, dass es dabei mit zunehmendem Alter wichtig ist, eine zusätzliche Qualität ins Zentrum zu stellen: die Liebe. Die Sicherheit einer reifen Liebe ist das entscheidende Kriterium in der Lebenssicht von älteren Männern, wie Gail Sheehy in einer Beobachtung von Absolventen der Harvard Business School feststellte, die sie über 25 Jahre lang begleitete. Über 90 Prozent der glücklichsten Männer in der Untersuchung behaupteten, dass sie immer noch in ihre Ehefrau verliebt seien. Viele von ihnen sagten, sie seien ihr sogar noch näher gekommen, seit die Kinder das Elternhaus verlassen hatten. Umgekehrt hatten nur 50 Prozent der unglücklichsten Männer eine enge, intime Beziehung.

Ist das aber gleichzusetzen mit Leidenschaft, mit sexueller Leidenschaft? Geben wir uns langfristig damit zufrieden, ohne sie zu leben, wir, die wir gewohnt sind, uns immer das zu holen, was wir wollen? Ich glaube nicht. Und deshalb ist es wichtig, dass man sich bewusst mit diesem Aspekt befasst, so wie dies auch für alle anderen Bereiche ist, die in diesem Buch besprochen werden. Die Sexualität verdient die gleiche Aufmerksamkeit wie die Ernährung, die körperliche Fitness oder die Spiritualität.

Lust-Findung

Tantra ist eine der Möglichkeiten, um seine Lust wieder zu entdecken. Im Tantra, wie es heute gelehrt wird, befasst man sich mit spirituellen und sexuellen Techniken, die zu ekstatischen Erlebnissen führen können. Sex ist nicht mehr etwas, das kurz vor dem Einschlafen, nach allen Anforderungen des Tages, auch noch ins Programm eingebaut wird. Denn Tantra baut nicht wie der übliche eheliche Sex auf ein Aufflackern eines momentanen Lustgefühls auf, sondern ist ein zeitlich klar im Voraus geplantes, mehrstündiges Ritual. Es erfordert die Bereitschaft, sich intensiv auf das Feld von Sexualität und Intimität vorzuwagen, um an neue Grenzen der Lust und der Vertrautheit mit dem Sexualpartner vorzustoßen.

Tantra kann deshalb eine wirkungsvolle, jahrhundertelang erprobte Alternative zum Partnertausch sein. Mit Tantra kann die sexuelle Leidenschaft erlebt werden, ohne den Preis für zugefügte Verletzungen bezahlen zu müssen, die jede vom Partner oder der Partnerin erfahrene Untreue auslöst.

Tantra wird heute vielerorts in Kursen gelehrt, wobei sich gerade in diesem Feld besonders viele Scharlatane zu tummeln scheinen, die den besonderen Bereich der Sexualität nicht mit der notwendigen Zurückhaltung behandeln, sondern zum Schaden von unvorbereiteten Teilnehmern eigene sexuelle Fantasien einbringen. Man sollte sich also immer bis ins Detail über den Background der Lehrer und Veranstalter erkundigen und sich jederzeit die Freiheit nehmen, sich aus einem Ritual oder einer Übung auszuklinken, sobald man sich nicht absolut wohl und gut aufgehoben fühlt.

Es gibt eine ziemlich umfassende Literatur über Tantra, die als Einstieg dienlich sein kann. Diese Bücher sind meist auch reich illustriert, was in diesem Fall besonders hilfreich ist. Neben Tantra gibt es natürlich noch viele weitere ritualisierte Formen der Sexualität.

Offen für Veränderungen – auch beim Partner

Für eine erlebte Sexualität bedarf es der Bereitschaft beider Partner. Wer 100 Jahre Lebenslust erfahren will, kann dazu, wie in diesem Buch beschrieben wird, vieles allein tun. Aber nicht beim Sex, nicht in der Liebe. Und deshalb ist es von entscheidender Bedeutung, dass wir auf unserem langen, langen Weg in die Zukunft den richtigen Partner, die richtige Partnerin an unserer Seite haben – und die Beziehung zu dieser Person intensiv pflegen, ohne im Lauf der Jahre in eine Phase der Nachlässigkeit oder Vernachlässigung abzudriften. Wer sich nicht ständig bewusst um die Beziehung bemüht, wird sie unweigerlich beschädigen – und die Folgen können fatal sein.

Denn ganz allein, das zeigen alle Studien, kann man diesen langen Marsch in die Zukunft kaum bewältigen.

Und allein macht es auch keinen Spaß. Wie aber soll man den Partner oder die Partnerin dazu bringen, sich auch in das Ego-Projekt einzubringen? Nichts belastet Beziehungen mehr, als wenn sich die beiden Seiten völlig unterschiedlich entwickeln: Er wird immer dicker, sie immer dünner – oder umgekehrt. Sie beschäftigt sich mit Esoterik, er fühlt sich ausgeschlossen

> *Es macht die Qualität einer Beziehung aus, wenn man für die Veränderungen des Partners offen und auch bereit ist, einen nicht selbst gewählten Weg zu gehen.*

und verteufelt alles Spirituelle. Er dreht sich hie und da einen Joint, sie macht ihm Schuldgefühle, dass er unverantwortlich und unreif handle. Mit dieser grundsätzlichen Ablehnung trägt man gewollt oder ungewollt zusätzlichen, handgreiflichen Stress in die Beziehung. Man hält dem andern vor, dass er sich falsch verhalte – und frustriert sich dabei gegenseitig.

Veränderungen schaffen oft schwierige Situationen. Denn zwei Menschen sind meist nicht gleichzeitig am selben Ort. Das Bewusstsein entwickelt sich in einer Beziehung meist nicht im Gleichschritt. Es wäre deshalb falsch, vom Partner zu fordern, dass er dieselben Schritte im selben Rhythmus mitmacht, für die man sich selbst entschieden hat. Aber es macht die Qualität einer Beziehung aus, wenn man für die Veränderungen des Partners offen ist, sich mit ihnen befasst und bereit ist, einen Weg zu verfolgen, bei dem der Anstoß von der anderen Seite kommt.

Wenn er aktiver Jogger ist, sollte sie das nicht demotivieren, selbst mit dem Lauftraining zu beginnen, auch wenn die Leistungsunterschiede am Anfang grotesk erscheinen mögen. Wenn sie auf eine gesunde Ernährung umgestellt hat, sollte er nicht auf sein tägliches Stück Fleisch bestehen, nur weil er noch nicht bereit ist, alte Gewohnheiten abzulegen. Das Resultat kann nur zerstörerisch sein.

Hingegen kann es für eine Beziehung enorm vitalisierend sein, wenn man sich gegenseitig dabei beobachtet, wie man bei der Realisierung eines Projekts Erfolgserlebnisse erfährt, wie man sich gut fühlt, wenn man all die Dinge tut, von denen man weiß, dass sie einem eben gut tun. Das motiviert – und wer sich selbst besser leiden kann, ist viel offener für die Person, die ihm am nächsten steht und liegt. Man ist bereit für Liebe und offen für Sex.

Für die Reise gerüstet

Wer mit einem Menschen eine intensive Liebesbeziehung lebt, ist für die lange Reise, die vor uns liegt, viel besser gerüstet. Dazu bedarf es nicht allein des Glücks, dass man die richtige Partnerin oder den richtigen Partner auch in einem nicht mehr ganz jugendlichen Alter findet. Es ist auch eine Sache des Wollens, des bewussten Handelns.

Es ist unsere Pflicht, attraktiv zu sein und attraktiv zu bleiben, aufmerksam, einfühlsam, mitteilsam und neugierig – und vieles mehr. Vor allem aber sollte man aus den Fehlern, die man vielleicht in früheren Beziehungen gemacht hat, die notwendigen Lehren ziehen. Nicht dass man alle Fallen, die sich im täglichen Leben stellen, überspringt – nein, das schafft niemand. Aber indem man viele der Fallen frühzeitig als solche erkennt, verhindert man die schlimmsten, dümmsten und damit unnötigsten Abstürze, welche in jeder Beziehung das Maß der Verletzungen und Enttäuschungen in einer Weise erhöhen, die zu einer Bruchstelle führen muss und dann als Katastrophe erlebt wird.

Das muss verhindert werden. Sex hilft dabei ganz entscheidend mit. Use it or lose it.

Mein nächster Job 8

Lebenslust bis 100 ist kein Ziel, das man so nebenbei erreicht. Nein, das ist ein Job, den es jeden Tag bewusst und gezielt anzugehen gilt, gerade wenn man im buddhistischen Sinn den Weg als Ziel begreift. Da sollte man also regelmäßig und intensiv Sport betreiben, sich gesund ernähren, die richtigen Vitamine und Mineralien in den richtigen Mengen zu sich nehmen, die eigene spirituelle Entwicklung suchen, eine langjährige, tiefe Liebesbeziehung pflegen, ein anregendes soziales Umfeld kultivieren, ein aktives Sexualleben führen, die Errungenschaften der modernen Medizin nutzen – doch mit all dem hat man erst die Grundlagen gelegt, um den Tag sinnvoll zu erleben. Denn das Leben lustvoll zu gestalten ist noch viel, viel schwieriger. Zum Beispiel im Beruf.

In der heutigen hektischen Berufswelt fühlen sich viele Menschen schon früh ausgebrannt. Und dabei handelt es sich nicht nur um Börsenhändler, die spätestens mit 40 ausgemustert werden. Das gilt auch und gerade für Menschen in sozialen Berufen. Lehrer und Lehrerinnen sind den Anforderungen von selbstbewussten, zuweilen gewalttätigen Schülern und nicht minder selbstbewusst bis aggressiv eingreifenden Eltern immer weniger lang gewachsen. Das Krankenhauspersonal ist den Zwängen der modernen Medizin und den Ansprüchen der Patienten ausgesetzt und verspürt vermehrt die Erschöpfungssymptome, die unter dem Begriff Burnout zusammengefasst werden.

Magische Schwelle

Wie in den meisten Ländern gilt als Richtschnur für die Pensionierung auch bei uns ein Alter von 65 Jahren, bei Frauen etwas weniger. In den letzten Jahren sind Frühpensionierungen ab 55 aus unterschiedlichen Gründen in Mode gekommen – wegen fehlender Arbeitsmöglichkeiten, wegen Burnout oder als Zeichen des Wohlstands.

1948 arbeiteten 90 Prozent aller Männer zwischen 55 und 64 Jahren, ein halbes Jahrhundert später waren es nur noch 67 Prozent. Während also die durchschnittliche Lebenserwartung laufend gestiegen ist und weiter steigen wird, sinkt das Pensionierungsalter tendenziell.

Als Otto von Bismarck 1891 den ersten deutschen Sozialplan einrichtete, wählte er ein Alter von 65 als Zeitpunkt der Pensionierung. Damals lag die durchschnittliche Lebenserwartung bei 45 Jahren, das heißt nur in Ausnahmefällen winkte als Preis eine staatliche Unterstützung, für die man nicht mehr zu arbeiten hatte. „Auf heute umgemünzt heißt dies keine Rente bis 95", meint dazu lakonisch der amerikanische Ökonom Lester Thurow.

Heute beträgt die Lebenserwartung im Durchschnitt der Industrieländer 76 Jahre; bei Frauen liegt sie um sieben Jahre höher als bei Männern. Am Tag, als Franklin Roosevelt im Jahre 1934 in den USA die Social Security einführte, betrug die Lebenserwartung 63 Jahre, und auf jeden Empfänger des neuen Sozialsystems kamen 40 Arbeitnehmer. Heute ist dieses Verhältnis bei 1:3 und sinkt laufend und rapide weiter. Im Jahr 2040 kommen in der Schweiz auf drei Erwerbstätige zwei Rentner, das heißt, es findet eine Verdoppelung der so genannten Alterslast statt. In Deutschland und Italien wird sich die Überalterung noch stärker bemerkbar machen.

Das Pensionierungsalter von 65 Jahren gilt auch heute noch in den meisten Ländern, Ausnahmen sind etwa Frankreich, Japan und die Türkei, die sich generell auf 60 Jahre festgelegt haben. Nur in einigen nordischen Staaten hat man es kürzlich auf 67 Jahre erhöht. Während früher nur die wenigsten diese Altersschwelle erreichten, und wenn, dann meistens bloß drei oder vier Jahre von ihren Pensionen leben konnten, bevor sie starben, sind die Verhältnisse heute ganz anders. Weder Bismarck noch Roosevelt haben je daran gedacht, dass große Teile der Bevölkerung zehn, zwanzig oder mehr Jahre in den Genuss ihrer Pensionen kommen würden.

> *Die Lebenserwartung ist gestiegen, das Pensionsalter gleich geblieben. Damit bleibt uns sehr viel mehr Freizeit als früher.*

Das heißt, während sich die Lebenserwartung also massiv nach oben verschoben hat, ist das Alter, mit dem wir die Arbeit niederlegen, gleich geblieben. Und vielerorts wird mit Hinweis auf Stress am Arbeitsplatz routinemäßig sogar die frühzeitige Pensionierung angeboten. Noch im letzten Jahrhundert hat ein männlicher Europäer oder Amerikaner rund 40 Prozent seiner Lebenszeit, die er wach verbrachte, mit Arbeit gefüllt. Heute sind es nur noch 16 Prozent.

Düstere Aussichten

Und was hat das für Konsequenzen? Bisher keine. Niemand will ernsthaft die Verhältnisse korrigieren. Natürlich fühlen sich heute viele ältere Menschen bedeutend fitter als die Generation zuvor. Natürlich leben sie länger und aktiver, aber deswegen das Pensionsalter nach oben verlegen – das kommt für sie nicht in Frage. Im Gegenteil! Mit ihrer wachsenden politischen Macht, die sie dank ihrer immer größeren Zahl ausspielen, wissen sie das zu verhindern. Sie betrachten die Rente als Teil des wachsenden Wohlstandes, den sie sich im Laufe ihres Lebens erarbeitet haben. Zuerst ein Auto, dann ein eigenes Haus – und dann 20 oder mehr Jahre finanziert von Sozialleistungen.

Für die Sozialminister aller Länder ist diese Entwicklung katastrophal. Ihre Prognosen über die auszuschüttenden Mittel werden durch die unaufhaltsam wachsende Lebenserwartung, die exponentiell zunehmenden Gesundheitskosten der immer älteren, medizinisch immer besser versorgten Menschen und die abnehmende Zahl von beitragszahlenden Arbeitnehmern laufend über den Haufen geworfen.

Zum Teil wird das Problem auch aus politischen Gründen verdrängt, indem man in Studien über die künftigen öffentlichen Sozialausgaben die Zunahme der Lebenserwartung entweder ganz ausblendet oder stark unterbewertet. So geht die jüngste Schätzung des Schweizerischen Bundesamts für Statistik davon aus, dass bis ins Jahr 2060 die Lebenserwartung der Frauen um 2,5 bis 7,5 Jahre steigt und die der Männer um 3 bis 9 Jahre. Die vorhersehbaren Fortschritte der Forschung und der Medizin mit ihren massiven Auswirkungen auf die Lebenserwartung sind in diesen Szenarien gar nicht berücksichtigt – denn sonst würden die ohnedies düsteren Aussichten für das Sozialbudget noch weiter verschlechtert, und das wäre politischer Zündstoff. Man müsste sich eingestehen, dass man völlig ratlos und handlungsunfähig vor einer beängstigenden Entwicklung steht.

Das ist ein neuartiges Problem für die Gesellschaft als Ganzes. Es ist gravierend und wird Jahr für Jahr drängender. Aber das ist nur die eine Seite der Medaille.

Die Optik des Einzelnen ist die andere. Er möchte nicht mithelfen, das Gesamtproblem zu lösen, indem er früher stirbt. Er wird im Gegenteil alles tun, um möglichst lange und zudem noch glücklich gesund und aktiv zu leben. Er wird nicht versuchen, den Überalterungstrend zu brechen, sondern er wird alles unternehmen, um ihn zu verstärken. Und er wird es genießen, Teil einer neuen Massenbewegung zu sein, welche die Gesellschaft massiv prägen wird. Anders als die Mitglieder früherer Generationen, die mit zunehmendem Alter immer mehr an die Seitenlinie der Entwicklung gedrückt wurden, wird er vor allem durch die große Zahl seiner Altersgenossen weiterhin im Zentrum der politischen Entscheidungen stehen.

> *Der Einzelne möchte nicht mithelfen, das Rentenproblem zu lösen, indem er früher stirbt.*

Dieser Einzelne sind Sie. Bin ich. Die beschriebenen Veränderungen werden den Rest unseres Lebens prägen. Und nur wenn wir dafür gerüstet sind, können wir sowohl für uns selbst wie auch für die Gesellschaft als Ganzes optimale Bedingungen schaffen. Wir gelangen nicht nur ans Ende einer Entwicklung, wie es in früheren Generationen ab einem gewissen Alter der Fall war, nein, wir stehen am Anfang einer neuen, spannenden Reise, deren Route wir aktiv gestalten können. Denn für die meisten von uns ist das Leben die einzige Disziplin, in der wir als Letzte durchs Ziel gehen möchten.

Neue Perspektiven

Für uns eröffnen sich dadurch völlig neue Perspektiven. Denn es ist eine Sache, ob man wie heute durchschnittlich 15 Jahre das Leben eines Pensionärs lebt oder ob sich diese Zeit verdoppelt, verdreifacht oder noch länger andauert, wie das für die meisten von uns der Fall sein wird. Die neu gewonnene Lebenszeit muss neu gestaltet werden – und zwar bereits jetzt.

Die traditionelle Fixierung auf die magische Zahl 65 und die dahinter liegenden wenigen Jahre der Muße, die es vor dem Übertritt ins Altersheim zu bewältigen gilt, verhindert eine für uns notwendige Langzeitstrategie. Viele hecheln heute mit letzten Kräften auf die Pensionierung zu, um dann erschöpft vor dem Nichts zu stehen. Sie sind zu müde, um etwas völlig Neues anzugehen, und zu jung, um sich aus einem aktiven Leben ganz abzumelden. Sie harren während überlanger Jahre in einem Beruf und einem Umfeld aus, die jede Faszination verloren haben und durch die jahrzehntelangen Wiederholungen zu einer immer unerträglicheren Belastung werden.

> *Wenn sich der gedankliche Horizont nicht nur bis 65, sondern in eine ferne Zukunft erweitert, ergeben sich neue Strategien.*

Doch für unsere Generation könnte alles anders werden. Wenn sich der zeitliche Horizont bis in eine ferne Zukunft erweitert, ergeben sich automatisch neue Strategien. Etwa, indem man zwischen 50 und 60 eine neue berufliche Ausrichtung sucht, die vielleicht ebenso lang ausgeübt werden könnte wie die bisherige, also 20 oder 30 Jahre. Das kann eine Tätigkeit in einem neuen Wirtschaftsbereich sein, für die man wie bisher entlohnt wird. Oder es ist eine Funktion, in der man Erfahrung, Zeit und Persönlichkeit zum Wohle der Gesellschaft einbringt, weil mit zunehmendem Alter viele diese Qualitäten vermehrt einsetzen wollen. Oder eine Kombination von mehreren Möglichkeiten, die sich im Laufe der Jahre graduell verändern. Neue Schwerpunkte werden erkannt, alte Tätigkeiten verlieren ihre zentrale Bedeutung, so dass sich ein anderes, angenehmeres Gleichgewicht der Aktivitäten und Interessen ergibt. So wird der Weg zum Ziel.

Vor einiger Zeit bin ich auf die Theorie gestoßen, dass sich das Leben im Siebenjahres-Rhythmus entwickelt, und ich habe für mich selbst für den beruflichen Bereich zu rechnen begonnen.

Tatsächlich: Mit 21 gewann ich in einem Essay-Wettbewerb eine Reise in die USA, die mich faszinierte und mir schon sehr früh die Tür zu diesem Land und seinen Möglichkeiten aufstoßen half. Mit 28 hatte ich den ersten großen beruflichen Einschnitt, nämlich die Idee für eine Konsumenten-TV-Sendung. Ich nannte sie „Kassensturz", und sie ist noch heute eine der erfolgreichsten Programmteile im Schweizer Fernsehen. Knappe sieben Jahre später, mit 34, hatte ich die Eingebung, das erste private Radio der Schweiz zu gründen. „Radio 24", vom italienischen Pizzo Groppera als Piratensender lanciert, veränderte die nationale Medienlandschaft und katapultierte mich in die Rolle des Pioniers und Unternehmers. Wieder sieben Jahre später, mit 42, suchte ich eine neue Herausforderung und stieg ins Filmbusiness ein, das mich mit seinem internationalen Touch faszinierte. Doch weder die Rolle als Kinobesitzer noch die als Verleiher oder Produzent passte so recht zu mir, so dass ich bald darauf einen überhasteten Ausstieg suchte. Mit 49 Jahren lancierte ich „TeleZüri", das erste schweizerische Lokalfernsehen.

Und dann, mit Blick auf den bevorstehenden 56. Geburtstag, begann ich den Verkauf der Aktienmehrheit meiner Unternehmen und den Rückzug aus der operationellen Tätigkeit zu planen. Ein neues Kapitel kündigte sich an, ein neuer Zyklus mit neuen Schwerpunkten. Und nach den nächsten, hoffentlich spannenden sieben Jahren kommen vielleicht weitere sieben Jahre, in denen ich mich immer etwas mehr der Weisheit nähere, indem ich mich intensiv und bewusst mit meiner Lebenslust auseinander setze. Vielleicht mögen die einzelnen Zyklen bei verschiedenen Personen zeitlich variieren, aber es scheint mir offensichtlich, dass nach den großen Reisen in die weite Welt des Lebens, in denen es viele Abenteuer zu überstehen galt und viele Gefahren umschifft werden mussten, in der Mitte der 50er Jahre eine Zeit der Besinnung folgen sollte, in der man die Prioritäten anders setzt. Ein besonders hellsichtiger Mensch, dem ich begegnete, meinte dazu: „Das Leben verändert sich alle 14 Jahre grundsätzlich. Jetzt mit 56 gelangen Sie in die vierte Pubertät. Dies ist ein wichtiger Schritt für jeden von uns."

Kampflos und lustvoll

Vor allem das ältere männliche Alphatier hat es meist besonders schwer, diesen Wechsel vorzunehmen. Als

Erfolgstyp muss man sich ständig mit jüngeren Männern (und Frauen) in Kämpfe verstricken, um so seinen Machtbereich zu verteidigen. Das ist auf die Dauer zu anstrengend und wirkt irgendwann einmal lächerlich. Doch die Muster sind vorgegeben. Bei den Schimpansen muss der Chefschimpanse den heranwachsenden Schimpansen laufend die eigene sexuelle Stärke demonstrieren, weil er sonst alles verliert, für das er bisher gekämpft hat. Dasselbe tun viele ältere Männer, die um Geld, Status und Titel buhlen, auch wenn es bloß eine erwachsene Version eines Computerspiels ist, bei dem es um das Sammeln von sinnlosen Punkten geht: noch eine Akquisition, noch eine Million oder noch eine Milliarde.

Nur ist dieser Kampf auf die Länge nicht zu gewinnen. Er führt unweigerlich in eine Sackgasse. „Männliche Alphatiere können älter werden, aber sie werden nicht zu respektvollen älteren Personen", schreibt Paul Roszak in „America the Wise". „Sie sind überalterte Jugendliche, geriatrische Boys. Sie führen nicht durch die Kraft der Weisheit, sondern durch die Macht der Verführung oder Durchschlagskraft."

Dabei spüren viele von ihnen, dass ihre Rolle immer mehr zu einer Last wird, die sie loswerden sollten oder möchten. Sie haben sich nicht weiterentwickelt, um sich neuen Inhalten zuzuwenden. Deshalb floppen seit einigen Jahren die Filme von Sylvester Stallone und Mittfünfziger Arnold Schwarzenegger, denn es ist betont unsexy, wenn ältere Herren versuchen, Actionhelden zu mimen. Darum auch ist der Glanz von Götz George abgeblättert, wenn er im abgewetzten Anorak weiterhin den waghalsigen Kommissar Schimanski markiert.

Auch bei mir bildet sich dieses neue Bewusstsein nur zögerlich. Im Zeitalter, in dem das „Forever Young" als neues Mantra gebetet wird, weigert man sich, die Veränderungen wahrzunehmen, die vom lange beschrittenen Weg in Richtung Leistung und Erfolg wegführen. Vor allem wenn man glaubt, bisher vieles richtig gemacht zu haben und noch dazu die Ratschläge in Bezug auf ein körperliches und seelisches Wohlbefinden befolgt hat, übersieht man nur allzu leicht die neuen Bedürfnisse. Man glaubt, durch das Festhalten auf der lange verfolgten Lebensspur den Alterungsprozess zu überlisten.

Unbeachtet bleibt dabei etwas Entscheidendes: Ein wichtiger Faktor für den Bedarf an Veränderung ist die Zahl der Jahre, die man in einem Beruf verbracht hat. Die Wiederholungen der Wiederholungen beginnen zu ermüden, die Überraschungsmomente nehmen ab und die Leidenschaft flaut ab, wenn man sich im immer selben Umfeld bewegt. Es wird deshalb eine zentrale Aufgabe für unsere Generation, in andere Bereiche vorzudringen – und zwar nicht als bloßes Abtreten von der Bühne, sondern als bewusste Suche nach einem neuen Mittelpunkt.

> Es wird eine zentrale Aufgabe für unsere Generation, in neue Bereiche vorzudringen – und zwar als bewusste Suche nach etwas Neuem.

Bisher sind ältere Menschen viel zu wenig in diesem Sinne vorgegangen – unsere Generation kann dies ändern. Zum einen haben wir ein größeres Selbstbewusstsein. Zum anderen werden wir in allen Bereichen leistungsfähiger sein und haben im Allgemeinen bessere Voraussetzungen, sowohl, was die Finanzen betrifft, als auch, was die Ausbildung angeht. Vor allem aber sind wir zu viele. Wir werden uns den Raum freischaufeln, der uns den Respekt und die Freiheiten verschafft. Da wir uns als ein Teil einer neuen Massenbewegung fühlen werden, kann uns dies zu ungeahnten Kräften verhelfen.

Die Schlüssel abgeben...

Wann aber ist der richtige Zeitpunkt, um vom beruflichen Zenith herunterzusteigen? Der Gründer und langjährige Chef der erfolgreichen europäischen Fluggesellschaft Crossair, Moritz Suter, gab mir einmal folgenden weisen Rat: „Den richtigen Zeitpunkt für den Rücktritt erwischt man nie. Entweder tritt man zu früh zurück oder zu spät. Zu früh ist aber eindeutig besser." Diese Erkenntnis hatte er allerdings erst, als für ihn selbst nur noch die zweitbeste Möglichkeit übrig geblieben war. Nach seinem definitiven Rücktritt trat er dann allerdings noch einmal an, und zwar diesmal, um gleich nach dem Debakel der Swissair die gesamte Schweizer Luftfahrt zu retten. Nun, das Ergebnis dieser Aktion steht noch aus – und zwar sowohl für seine Airline wie für ihn selbst.

Wer hat je davon gehört, dass jemand auf dem Totenbett geklagt hat: „Schade, ich habe leider zu wenig Zeit im Büro verbracht"? Eben. Hinterher ist alles völlig klar.

Anstelle des Rücktritts versucht man es oft mit gigantischen Ablenkungsmanövern, indem man auf unsinnige Weise etwas Großes erreichen will, das überdecken soll, dass man ganz tief im Herzen trotz aller Erfolge über das Erreichte enttäuscht ist. Da gibt es etwa den Virgin-Gründer Richard Branson, der unbedingt als erster Ballonfahrer die Welt umsegeln wollte, obwohl er dazu nicht einmal im

Ansatz das technische Know-how besaß, sondern es sich – inklusive mitfliegendem Personal – kaufte, so wie er alles kauft, was ihm gefällt. Wie er in seiner Autobiografie „Business ist wie Rock'n Roll" selbst erzählt, überlebte er nur mit Glück mehrere Fehlversuche, bevor Bertrand Piccard seinem Drang nach einem Platz in den Geschichtsbüchern ein Ende setzte, was er darauf mit doppeltem Expansionsdrang in immer neue wirtschaftliche Gefilde wettzumachen versuchte.

Oder die New Yorker Gesellschaftsdame Jane Pittman, die als „ultimate kick" den Mount Everest besteigen wollte, dabei aber weder auf ihre Espressomaschine noch auf ihre „Vogue" verzichten mochte. Wie Jon Krakauer in seinem Bestseller „In eisige Höhen" beschreibt, gefährdete sie dadurch das Leben mehrerer Menschen und kam nur mit viel Glück nicht zu Tode. Die Beschreibung der extremen Gefahren auf dem höchsten Berg der Welt wirkte aber nicht etwa abschreckend – im Gegenteil. Erfolgsmenschen aus allen Kontinenten strömen in immer größerer Zahl zum Berg mit dem klingendsten Namen und dem Kitzel des Todes.

Die neuen Milliardäre in Silicon Valley haben eine andere, natürlich viel aufwändigere Spielwiese entdeckt: Segeln. So versuchen sich Leute wie Jim Clark (Ex-Netscape) und Larry Ellison (Oracle) mit immer größeren, pompöseren Yachten und den dazu gehörenden Renn-Eskapaden zu übertreffen. Und jetzt will Ellison mit seiner superteuer eingekauften Crew gar den bedeutendsten Seglerpreis der Welt holen, den America's Cup. Denn weil Geld allein nicht mehr glamourös genug ist, da so viele so viel davon haben, kann man nur mit atavistischen Symbolen die eigene Größe überhöhen. Doch die unsinnigen Herausforderungen beschränken sich nicht auf die Reichsten dieser Welt. In jeder Preisklasse ist es möglich, sich in irrwitzige Abenteuer zu stürzen, von denen man sich die Erlösung erhofft.

Das drohende Ende des strahlenden Helden sollte uns aber nicht in Panik versetzen. Es gibt andere, bessere Wege, sich für die kommenden Jahrzehnte zu wappnen.

Ein Bild aus dem Film „Sex, Lies & Videotape" ist mir haften geblieben. Der Held (gespielt von James Spader) bezeichnet sich dort als Typ, der nur einen einzigen Schlüssel besitzt, nämlich denjenigen zu seinem Auto. Dort lebt er, schläft er, mit dem Auto bewegt er sich fort. Ein zweiter Schlüssel, etwa zu einem Apartment, erklärt er, wäre eine zusätzliche Belastung, der er sich nicht stellen wolle. Ein Schlüssel sei für ihn die Freiheit, jeder Schlüssel mehr würde sie ihm ein Stück entreißen.

So blicke ich von Zeit zu Zeit auf meinen Schlüsselbund. Wie viele Schlüssel sind es mittlerweile geworden? Wie viele sind in jüngster Zeit hinzugekommen, welche sind nicht mehr dabei? Und habe ich nicht mit jedem Schlüssel eine zusätzliche Verantwortung und Belastung übernommen – für ein Haus, eine Firma, eine Person oder eine Gemeinschaft von Menschen? Und wenn ich mich in eine andere, offenere Zukunft bewegen möchte, muss ich dazu nicht Schlüssel abgeben, und zwar in einem Rhythmus, der sowohl für mich wie für die direkt betroffenen Menschen richtig ist? Ist die Zahl meiner Schlüssel nicht das einfachste, augenfälligste Symbol meiner Befindlichkeit auf dem Weg zu mir selbst?

Bisher müssen die meisten mit 65 alle beruflichen Schlüssel von heute auf morgen abgeben. Sie werden verabschiedet, ausgemustert, entsorgt. Das ist etwas, das wir auf jeden Fall vermeiden sollten. Bei uns soll sich die Schlüsselabgabe auf ganz andere Weise abspielen: graduell, bewusst und damit auch harmonisch. Man muss versuchen, den Rhythmus zumindest mitzubestimmen, um nicht von einer Entwicklung überrollt zu werden.

> *Die Zahl unserer Schlüssel ist ein augenfälliges Symbol unserer Befindlichkeit auf dem Weg zu uns selbst.*

Das eröffnet uns auch die Möglichkeit, hie und da einen neuen Schlüssel für ein neues Schloss in einem neuen Bereich aufzunehmen, der uns vielleicht mehr befreit als einengt.

Deshalb gilt es, frühzeitig die Weichen zu stellen. Man sollte auf die sich verändernden Prioritäten hören, sobald sie sich melden. Bei vielen Menschen ist es ein verstärktes Verlangen nach intellektueller Tätigkeit, bei anderen ist es die Suche nach Gemeinschaft, bei wieder anderen ist es eine tiefere Beziehung zur Natur. Bei allen aber scheint die Sinnfrage lauter zu werden, die früher beim atemlosen Rennen auf dem Weg des Erfolgs leichter überhört werden konnte.

...und trotzdem aktiv bleiben

Deshalb sollte man nicht auf seine Pensionierung hinstarren. „Höre nie auf zu arbeiten", fordert etwa Lee Iacocca, der äußerst innovative ehemalige Chef von Chrysler und erfolgreiche Buchautor. Nach seinem Rückzug aus der Autoindustrie begann er sich nach einer Phase des Nichts-

tuns für umweltfreundliche Fortbewegungsmittel zu enga-
gieren. Dies schien ihm plötzlich sinnvoller, wichtiger,
befriedigender. Ausgehend von seinen Erfahrungen
ermahnt er jedermann über 50, nicht seine Pensionierung
zu planen, sondern das nächste Drittel
seines Lebens. Und dazu schlägt er,
gemäß seinem eigenen Beispiel, Aufgaben vor, bei denen man sich vielleicht zum ersten Mal in seiner beruflichen Laufbahn echt um das Wohl

> *Wir sollten nicht unsere
> Pensionierung planen,
> sondern das nächste Drittel
> unseres Lebens.*

der Gesellschaft als Ganzes kümmert. Das heißt: Nach den
harten und gefährlichen Jahren im Dschungel des wirtschaftlichen Wettbewerbs soll man sich vermehrt um die
eigene Seele kümmern, indem man sich erstmals ernsthaft
für die Bedürfnisse von anderen Menschen engagiert.

Nach all den Jahren voller hektischer Aktivität im
Berufsleben werden wir bei der künftigen schrittweisen
Schlüsselabgabe mehr Zeit zur Verfügung haben als jemals
in den letzten Jahrzehnten des Berufslebens. Das erste Mal
in unserem Leben, als wir ähnlich viel freie Zeit hatten,
damals in den späten 60er Jahren, haben wir die Gesellschaft auf den Kopf gestellt. Was spricht dagegen, dass wir
es noch einmal versuchen, diesmal mit einer anderen Perspektive und einer anderen Methode?

Carl Jung meinte, dass man den Nachmittag des Lebens
nicht mit dem Programm des Vormittags bewältigen kann.
Noch ist offen, wie das Nachmittagsprogramm unserer
Generation strukturiert sein wird. Wir alle sind Teil dieses
Experiments, das die gesamte Gesellschaft in den nächsten
Jahrzehnten wohl stärker prägen wird als irgendein anderes
Ereignis. Und wir werden es mit einer Natürlichkeit für

uns in Anspruch nehmen, so wie wir bisher alles für uns Wünschbare realisiert haben, als ob es niemals anders gewesen wäre.

Mit Bill Clinton hat das erste Mitglied unserer Generation seine acht Jahre im Weißen Haus beendet und sucht nun im weiterhin gleißenden Scheinwerferlicht der Öffentlichkeit seine neue Rolle. Dabei stehen ihm verschiedene Wege offen, und wahrscheinlich wird er noch einige Zeit unsicher die Alternativen bewerten und sich dabei, wie bei ihm üblich, auch in Sackgassen begeben. Er wird nicht allen falschen Verlockungen widerstehen können und erst langsam in ein neues Gleichgewicht gelangen, das sich vom Muster seiner letzten 30 Jahre abhebt. Sicher ist nur, dass er nicht auf Nimmerwiedersehen in den Sonnenuntergang hineinreitet, so wie es ehemalige Präsidenten wie George Bush, Ronald Reagan oder Gerry Ford getan haben. Bill Clinton wird uns noch lange Zeit begleiten und durch sein Verhalten zur Reflektion über die eigene Befindlichkeit dienen.

Nicht anders wird es für viele Mitglieder unserer Generation sein. Selbst wenn wir uns von unseren langjährigen Ämtern ganz oder teilweise zurückgezogen haben, werden wir neue Rollen finden, in die wir uns einbringen können. Der Wunsch, ein ganz neues Kapitel aufzuschlagen und sich von dem voraussehbaren Weiterschreiten in den bekannten Bahnen zu lösen, wird für die meisten von uns übermächtig.

Nicht etwa, dass dies einfach ist. Der Ausruf, dass man nun endlich „zu leben" gedenke, tönt pathetisch und begeisternd. Nur hat man damit inhaltlich noch gar nichts definiert. Allzu oft stürzt man sich – wenn man es sich finanziell leisten kann – nach einer kurzen Ruhephase, in der man sich bei all den Dingen, die man schon immer tun wollte, bald zu Tode langweilt, ins nächste Abenteuer, das gerade eine hohe Ausstrahlungskraft hat. So haben sich einige der abgehalfterten Bosse von Hollywood in den späten 90er Jahren als angebliche Experten des Cyberspace zurückgemeldet, nur um sich nach dem Bersten der Internet-Blase wieder möglichst abgefedert in den nächsten Ruhestand abzusetzen.

Realistische Ziele

Es gilt sich also Ziele zu setzen, die realistisch sind. Wenn man die 50 überschritten hat, ist der Fächer der neuen beruflichen Möglichkeiten nicht unlimitiert, und es ist wichtig, dass man ernsthaft und ehrlich untersucht, welche Türen zumindest theoretisch geöffnet werden könnten. Je früher und je ernsthafter man sich mit diesem Thema auseinander setzt, desto größer sind die Erfolgschancen.

Diese Abklärung ist in der Regel ernüchternd und hilfreich. Man kann das Leben nicht völlig von vorne beginnen. Es gilt auf dem Erreichten und dem Nichterreichten aufzubauen, um so in neue Richtungen auszuschwärmen. Mit diesem Ansatz kommt man zu neuen, attraktiven Zielen, die vielleicht bei der ersten, oberflächlichen Betrachtung verworfen wurden. Sigi Feigel, der spätere Präsident der Israelitischen Cultusgemeinde in Zürich, machte die Anwaltsprüfung mit 62 Jahren und war zu diesem Zeitpunkt der Älteste aller Anwesenden – die prüfenden Professoren inbegriffen. An seinem 80. Geburtstag arbeitete er trotz gesundheitlicher Probleme immer noch mit großem

Enthusiasmus in seinem Büro und sagte mir: „Wenn du das nicht machst, dann verblödest du."

Bisher war eine solche zweite Karriere zu einem sehr späten Zeitpunkt die Ausnahme, doch dies wird sich ändern. Der Anteil älterer Menschen, die sich etwa ernsthaft mit einem neuen Beruf auseinander setzen, wird massiv zunehmen, selbst wenn dies einer mehrjährigen intensiven Vorbereitung bedarf. Es gibt für uns mehr als eine Chance, einen faszinierenden Beruf zu wählen, vielleicht einen für die Jahre bis Mitte 50 und dann einen zweiten für die Zeit danach.

Je älter wir alle werden, desto sinnvoller ist es, sich rechtzeitig einem zweiten Bereich zuzuwenden, in dem man sich während der vielen Jahre, die vor uns liegen, wohl fühlen könnte.

Krankmacher ausschalten

Dieser Prozess, der bewusst oder unbewusst bei den meisten Menschen unserer Generation abläuft, sollte keinesfalls verdrängt oder immer wieder auf später verschoben werden. Die Gefahr, dass man erst mit dem Beginn einer ernsten gesundheitlichen Krise beginnt, sein bisheriges krank machendes Leben zu ändern – wie ich das so oft erlebt habe –, sollte nicht zu gering geschätzt werden.

Nach dem ersten Herzinfarkt, dem ersten großen Magengeschwür oder dem Auftreten eines Tinnitus im Ohr ist man nie mehr dieselbe Person, auch wenn man medizinisch wieder völlig hergestellt werden sollte, wie dies die moderne Medizin in sehr vielen Fällen schafft. Psychisch bleibt man durch diesen Rückschlag geprägt und wird nie mehr die Unschuld des Ungezeichneten erleben, der auszieht, die Welt zu erobern, so wie damals, als wir 20 waren. Nur wer aufmerksam auf die ersten Symptome hört und sich durch medizinische oder psychologische Experten beraten lässt, kann das Risiko eines unwiderruflichen Schicksalsschlags vermindern helfen.

So unterziehe ich mich seit meinem 40. Lebensjahr etwa alle drei Jahre einem intensiven, aufwändigen medizinischen Check-up, und zwar immer beim selben Arzt – das heißt, mittlerweile ist es sein Nachfolger. Durch den Vergleich der aktuellen Resultate mit jenen aus früheren Untersuchungen sind negative Entwicklungen bereits in einem Frühstadium erkennbar und können detailliert auf ihre Ursachen überprüft werden, bevor eine vielleicht irreversible negative Veränderung einsetzt. Ein Check-up ist ein hervorragendes Frühwarnsystem, das man unbedingt nutzen sollte.

Nicht krank zu werden bzw. eine entstehende Krankheit in ihrem Anfangsstadium zu erkennen ist eine der wichtigsten Aufgaben auf dem Weg zur Lebenslust bis 100. Wer zu salopp auf Symptome reagiert oder sie gar ignoriert – auch ich habe natürlich diese Tendenz –, der setzt sich unnötigen Gefahren aus. Gerade wer stolz auf seine Gesundheit ist und darauf hinweist, dass er bisher nie ernsthaft erkrankt sei, ist für ein solches Verhalten besonders anfällig. Er ist es nicht gewohnt, auf Signale feinfühlig und frühzeitig zu reagieren und pflegt umgekehrt den Kult der eigenen Unverwundbarkeit. Sich mit einer körperlichen

> *Gesund zu bleiben und entstehende Krankheiten bereits im Frühstadium zu erkennen ist mit eine der wichtigsten Aufgaben auf dem Weg zur Lebenslust bis 100.*

Schwäche auseinander zu setzen wäre in diesem Kontext ein Eingeständnis der eigenen Unvollkommenheit, und das ist besonders für die Speerträger der neuen Generation von jung gebliebenen 40- und 50-Jährigen nicht einfach.

Bedürfnisse abdecken

Dieselbe Aufmerksamkeit wie meinem physischen Zustand widme ich meiner spirituellen Ebene, indem ich mich mindestens einmal im Jahr während einer Woche in einem Workshop intensiv mit meiner seelischen und psychologischen Befindlichkeit auseinander setze. So kann ich mich meinen Ängsten und Sehnsüchten öffnen, um die sich daraus ergebenden Schlüsse für mein künftiges Leben zu ertasten. Diese Tage der Kontemplation und Abgeschiedenheit strahlen noch während einiger Zeit ins gewohnte Leben, um dann immer mehr an Kraft zu verlieren, bis der Wunsch übermächtig wird, sich mit einer neuen intensiven Dosis Spiritualität diesen wichtigen Bereich auch für den Alltag zu erhalten. Und noch besser ist es natürlich, die Spiritualität in das tägliche Leben einzubauen, etwa mit einer morgendlichen Meditation, um so den Tag in einer ganz anderen Art zu beginnen als mit Zeitung und Frühstück.

Die längeren Erholungszeiten, die man sich nach 50 einfach gönnen muss, verbieten es, sich weiterhin kopfüber in die Arbeit zu stürzen, wie es in einer erfolgsorientierten Umgebung gefordert wird. Es gilt, sich daran zu machen und berufliche Aufgaben zu suchen, die auch die eigenen Bedürfnisse abdecken. Oder aber sich nach einer neuen Rolle umzusehen, in die man hineinwachsen kann.

Was aber kann diese neue Rolle sein? Da gibt es keine einfachen Antworten. Die Suche nach Ruhe und Spiritualität steht sicher im Vordergrund, weil eine Fortführung eines kräfteraubenden Macho-Lifestyles eben nicht nur zu körperlichen Beschwerden aller Art, sondern auch zu Depressionen führen kann und damit lebensgefährlich ist. So ist die Selbstmordrate bei Männern über 65 viermal höher als bei Frauen derselben Altersgruppe. Da sich Frauen durch Menstruation und eventuelle Schwangerschaften schon viel früher mit ihrem Körper und ihrer Seele auseinander zu setzen haben, achten sie auch in späteren Jahren viel eher auf mögliche Alarmzeichen. Sie haben sich auch schon früh daran gewöhnen müssen, flexibel zu sein – oft auch wegen der dominanten männlichen Alphatiere.

Neue Rollen

Daniel Levinson schlägt als neue Rolle für Menschen unserer Generation diejenige des „Mentors" vor, der Kombination von Lehrer, Führer, Berater, Sponsor und Beispiel. Das Problem besteht aber darin, dass unsere Geschäftswelt keinen Platz bereithält für Mentoren, da es dort als allgemeines Ziel angesehen wird, als Sieger dazustehen. Die sanften, liebevollen Qualitäten haben in der Wirtschaft kaum Gewicht. Also sollte man vorzugsweise das Umfeld wechseln und sich dorthin begeben, wo Werte wie ethische Verantwortung und Wärme im Zentrum stehen.

In den USA wurden seit Jahren Formen von Gemeinschaftsarbeit für ältere Menschen entwickelt, die es diesen ermöglichen, sowohl ihre Fähigkeiten als auch ihre Persönlichkeiten zu entwickeln. Im Experience Corps werden von älteren Mitbürgern landesweit Aufgaben für die Gemeinschaft erfüllt, die für alle Seiten positive Resultate erbringen. Dergleichen Initiativen gibt es etwa auch in Österreich. So wurden vom Kompetenzzentrum für Senioren- und Bevölkerungspolitik im Bundesministerium für soziale Sicherheit und Generationen bereits 18 „Bürgerbüros für Jung und Alt" aufgebaut, die ehrenamtliche Tätigkeiten vermitteln.

Paradebeispiel für Sinnfindung in einem späten Lebensabschnitt ist der ehemalige Präsident Jimmy Carter, für den der Rücktritt von seinem Amt kein Ende, sondern ein Neuanfang war. Mit seinen vielfältigen kreativen Projekten im sozialen Bereich konnte er fantastische Resultate erzielen und eine Vielzahl von Menschen motivieren und begeistern. Der ehemalige Senator Sam Nunn meinte dazu, dass Carter der einzige Mensch sei, der „das Amt des Präsidenten benutzt hat, um eine bessere Position zu erreichen".

Wäre es nicht ein Anreiz, es Jimmy Carter gleichzutun, und zwar von unserem eigenen Niveau aus? Müsste es nicht reizvoll sein, in den späteren Jahren unsere Fähigkeiten und Möglichkeiten für eine höhere Sache einzusetzen? Wie viel mehr Befriedigung würden wir erleben als in all unseren Abenteuern in den früheren Phasen unseres Lebenswegs?

Auf dem Weg zur Sinnfindung in unserem späteren Lebensabschnitt ist viel Selbstinitiative gefragt, da es bisher nur wenig Vorbilder gibt.

Bei dieser Aufgabe ist viel Selbstinitiative gefragt. Es gibt bisher zu wenige Organisationen und nicht genügend Beispiele, die sich als Vorbilder eignen. Aber vielleicht ist gerade dies besonders spannend: Man tastet sich in neue, unbekannte Bereiche vor und erlebt dabei den

Kitzel des Ungewissen, den man in den letzten Jahren besonders vermisst hat.

Doch da gibt es für viele ein Problem, das nicht ganz übersehen werden darf: Das Projekt Lebenslust bis 100 funktioniert nur dann, wenn man genügend Geld für die große Reise hat, die vor uns liegt. Der materielle Aspekt muss bewältigt werden, um sich beruflich so weiterzuentwickeln, wie man es sich wünscht.

Deshalb wenden wir uns nun diesem besonders kritischen Thema zu.

Money, money 9

100 Jahre Lebenslust erlebt man bestimmt nicht, wenn man auf dem langen Weg zum runden Geburtstag irgendwann einmal Pleite geht. Das würde in jedem Fall die Lust und womöglich auch die Wahrscheinlichkeit auf ein so langes Leben verringern, denn für beides braucht es Geld – mit Bestimmtheit mehr Geld, als man es sich heute vorzustellen vermag. Von allen Dingen, die wir ernsthaft anzugehen haben, ist die finanzielle Absicherung eines der wichtigsten und zugleich schwierigsten.

Wenden wir uns also diesem besonders unsinnlichen Thema mit der notwendigen Ernsthaftigkeit zu, um dann die richtigen Schlussfolgerungen für uns selbst zu ziehen. Denn weshalb sollten wir alles aufs Spiel setzen, nur weil wir auf dem Weg zum Ziel finanziell kollabieren?

Geänderte Voraussetzungen

Vor uns haben wir das Bild der Generation unserer Eltern, die bis ins hohe Alter durch ein ständig weiter ausgebautes soziales System vor Armut und astronomischen Kranken- und Pflegekosten beschützt werden. Doch so gut werden wir es später nicht haben. Die goldenen Zeiten der gesellschaftlichen Solidarität werden in den nächsten Jahrzehnten unweigerlich zu Ende gehen, auch wenn uns dies die zuständigen Politiker beharrlich verschweigen. Denn die Wahrheit wäre zu schmerzhaft, um sie uns bereits heute einzuträufeln.

Fassen wir zusammen: Die Lebenserwartung wird weiter zunehmen, in der Zukunft wohl noch etwas schneller als bisher. Außerdem steigen die Produktivität und damit die Einkommen weniger stark als in der jüngeren Vergangenheit. Auch der zweite Pfeiler unseres Rentenkonzepts fällt in sich zusammen: Der Anteil der Erwerbstätigen an der Gesamtbevölkerung wird nicht mehr wie früher laufend zunehmen, sondern massiv zurückgehen. Da braucht es nicht allzu großer Rechenkünste, um zum einzig möglichen Schluss zu gelangen: Das System der Altersvorsorge, wie wir es heute kennen und schätzen, wird eines Tages implodieren, falls es nicht zuvor stückweise abgebaut wird. Beides sind Perspektiven, die uns nicht unbedingt froh in die finanzielle Zukunft blicken lassen sollten.

> *Unser gegenwärtiges System der Altersvorsorge wird uns nicht mehr absichern, wenn wir ins Rentenalter kommen.*

Wer sich also darauf verlässt, dass er in 20, 30 oder 40 Jahren (das wäre dann so etwa kurz nach dem Jahr 2040) seine tapfer einbezahlten Beiträge an die staatliche Altersvorsorge in monatlichen Raten ausbezahlt bekommt, wird mit größter Wahrscheinlichkeit leer ausgehen. Oder dann nur noch Brosamen erhalten. Sorry, Flasche leer! Wer zu spät kommt, den bestraft das lange Leben der vorhergehenden Jahrgänge.

Generationenkampf

Und wie werden die wenigen übrig gebliebenen jungen Mitglieder unserer Gesellschaft darauf reagieren? Sie, die über staatliche Zahlungen als erste Generation in der Geschichte der Menschheit ihre Eltern einseitig finanzieren sollen (bisher war dies immer umgekehrt), während sie gleichzeitig ohne Unterstützung mit ihrem privaten Geld für ihre Kinder verantwortlich sind? Werden sie in dieser Situation weiterhin Mittel in einen Topf schütten, aus dem sie mit größter Sicherheit nichts mehr schöpfen werden? Freiwillig wohl kaum.

Wenn sie aber von den Älteren durch deren zahlenmäßige Macht an der Wahlurne zum Zahlen gezwungen werden, haben wir den Krieg der Generationen. Schließlich sollten wir die politische Durchsetzungskraft unserer Altersgenossen nicht unterschätzen. Bisher haben wir uns immer geholt, was uns zusteht, manchmal sogar etwas mehr. Dies wird sich so schnell nicht ändern.

Die jungen Leute können in diesem Szenario effektiv zurückschlagen, indem sie etwa den Preis für ihre Arbeitsleistungen massiv heraufsetzen, auf welche die Pensionäre angewiesen sind. Oder sie werden sich aus der offiziellen Wirtschaft ausklinken und auf Schwarzarbeit setzen, um nicht zur sozialen Kasse gebeten zu werden. All dies sind natürlich düstere Perspektiven. In einer Zeit, in der Familienstrukturen zerfallen und die Zahl von Einpersonen-Haushalten zunimmt, findet eine ständige Entsolidarisierung der Generationen statt.

Die Hoffnung, dass die Politiker rechtzeitig eine massive, schmerzvolle Kehrtwendung zu Stande bringen, ist aufgrund der Erfahrungen in vielen Ländern wenig realistisch. Angesichts der erstmaligen, einmaligen Bevölkerungssituation in der Geschichte der Menschheit werden wohl auch große, mutige politische Geister kapitulieren.

Gleiches gilt auch für die Finanzierung der Krankenkassen. Die seit vielen Jahren explodierenden Kosten werden durch die künftige Alterspyramide in neue Dimensionen gehievt, so dass ein massiver Leistungsabbau zu erwarten ist. Die jungen Generationen werden sich schlicht weigern, einen laufend größeren Teil ihres Einkommens für die Pflege von immer mehr alten Zeitgenossen hinzublättern. Und das wären dann irgendwann wir.

„Das ist doch Unsinn", sagt dazu der anerkannte amerikanische Ökonom Lester Thurow. „Die Rentenzeit ist zu lang geworden. Man lebt länger und arbeitet weniger lang. Irgendjemand muss das bezahlen."

Daher müssen wir der grässlichen Wahrheit ins Auge blicken: Wir werden weitgehend selbst dafür sorgen müssen, dass wir finanziell bis 100 überleben können. Und da bald einmal zwei Werktätige eine wirtschaftlich unproduktive Person tragen müssen (bald einmal auch uns!), wird dies mit größter Wahrscheinlichkeit in einem Umfeld geschehen, in dem die Wirtschaft stagnieren wird. Das große Wirtschaftswunder der Nachkriegszeit wird durch die Bevölkerungsrevolution wohl endgültig zu Ende gehen.

Wir wollen nicht übertreiben. Aber wenn sich viel mehr Leute um die sich rasend schnell leerenden Honigtöpfe streiten, wird für den Einzelnen unweigerlich weniger abfallen. Daran führt kein moralischer Aufschrei vorbei. Das ist reine Arithmetik. Und Länder wie Deutschland, die Schweiz und Österreich werden davon gemäß OECD noch stärker betroffen als etwa Japan, die USA oder Großbritannien, die einen anderen Systemansatz haben.

Die soziale Gerechtigkeit bröckelt schon heute, nachdem wichtige Fortschritte in über 100 Jahren politischem Kampf erreicht worden sind. Die künftige Demographie mit ihrem Wasserkopf von Pensionären wird unweigerlich Rückschritte erzwingen. Ohne starkes soziales Netz dürften mehr und mehr ältere Menschen an den armseligen Rand der Zivilisationsgesellschaft gedrängt werden. Aus ethischen Motiven kann man das bedauern und mittels politischen Postulaten zu verhindern oder zumindest zu mildern versuchen. Das ist das eine. Das Zweite aber ist, dafür zu sorgen, dass man nicht selbst in den späten Jahren seines Lebens zu dieser Randgruppe gehören wird. Dies ist eine Aufgabe, die es bereits heute ernsthaft anzugehen gilt. Denn sonst heißt es irgendwann einmal unweigerlich: Goodbye, Lebenslust!

Vorsorge treffen

Also: Wir müssen für unseren Lebensunterhalt auch der späten Jahre größtenteils selbst sorgen, ebenso wie für unsere Krankenpflege. Dies ist noch nicht alles. Wir sollten auch daran denken, dass wir nur mit frei verfügbarem Geld von den künftigen Errungenschaften der Medizin profitieren können. Die neue, raffinierte Hüfte, die revolutionäre, aber sündhaft teure Krebstherapie, die maßgeschneiderte Abwehr gegen Alzheimer und der sechsfache Bypass – dies sind alles Dinge, die das öffentliche Krankensystem für die ständig wachsende Zahl von älteren Menschen in Zukunft nicht mehr automatisch übernehmen wird.

Nur mit eigenen finanziellen Mitteln wird man zum Füllhorn dieser fantastischen neuen Methoden Zugang erhalten, die uns ein längeres, schmerzfreies und lustvolles Leben ermöglichen können. Und vielleicht möchte man sich irgendwann zusätzlich den Luxus leisten, sich mit den immer ausgefeilteren Techniken der plastischen Chirurgie oder dank einer längeren Sitzung beim Zahnarzt optisch etwas aufzumöbeln. Dies soll in einem gewissen Lebensstadium nicht unbedingt negativ fürs Selbstvertrauen sein, heißt es. Zumindest auf die Option, all das später einmal tun zu können, würden wir doch äußerst ungern verzichten.

> *Nur mit eigenen finanziellen Mitteln werden wir Zugang zu den teuren medizinischen Methoden haben, die uns ein längeres, schmerzfreies und lustvolles Leben ermöglichen können.*

Vielleicht bin ich etwas zu pessimistisch. Das Waldsterben hat trotz großer Ankündigung nicht stattgefunden. Auch die meisten Gewässer sprudeln munter weiter und laden vielerorts zum Bade. Wenn das ökologische System viel stressfähiger ist, als vielfach angenommen wurde, weshalb sollte dasselbe nicht für unser soziales Webmuster gelten? Möglicherweise gibt es in Zukunft Einsichten, wie wir nicht von dem sich ankündigenden „Altersbeben" durchgeschüttelt werden, wie es Paul Wallace in seinem Buch „Agequake" beschreibt.

Möglicherweise aber eben doch. Und deshalb sollten wir uns jetzt richtig verhalten, weil wir später, etwa kurz vor dem 80. Geburtstag, kaum mehr in der Lage sein werden, mit kraftvollen Aktionen das eigene finanzielle Steuer herumzureißen, falls uns der Staat und seine Vertreter hängen lassen sollten – was aus heutiger Sicht eben leider zu erwarten ist.

Einfache Rechnung

Das ist die Ausgangslage. Wer sich mit 65 pensionieren lässt und 100 Jahre alt werden will, muss für 35 lange Jahre finanziellen Brennstoff bereithalten. Was dies konkret bedeutet, werden wir auszurechnen haben. Den Schock, der uns die Antwort darauf liefert, sparen wir uns noch etwas auf.

Beginnen wir mit dem Offensichtlichen: Indem wir mit den Hinweisen in diesem Buch zielgerichtet auf die 100 Jahre Lebenslust hinsteuern, verringern wir auch unsere Kosten für Krankheit und Pflege. Nicht nur werden wir das Leben mehr genießen können, es wird uns auch beträchtlich weniger kosten. Ohne Übergewicht, als Nichtraucher, mit weniger Stressfaktoren und in einem ausgeglichenen sozialen Umfeld wird die finanzielle Belastung zur Aufrechterhaltung des persönlichen Systems viel weniger hoch sein. Weder für Workshops noch für Marathons muss man unbedingt in die USA jetten. Das reine Kosten-Nutzen-Verhältnis verbietet ein solches Verhalten sowieso.

Zweitens muss man gezielt Geld auf die Seite legen. Wenn man es bis jetzt noch nicht getan hat, sollte man unbedingt damit beginnen. Jetzt. Und zwar ganz seriös. Das ist für viele von uns alles andere als leicht. Im Zeitalter der omnipräsenten Kreditkarten ist Konsumieren und nicht Sparen angesagt, im Hier und Heute – und hoffentlich auch morgen. Unsere Generation war schon immer vom Optimismus getragen, dass wir es mit unseren Mitteln schaffen würden. Angst vor der Zukunft passt nicht in ein solches Weltbild, ebenso wenig wie langfristiges Planen. Bisher ist das vielleicht alles ganz gut gegangen. Für den langen Weg vor uns werden wir aber mit Improvisieren nicht mehr durchkommen. Diese Wahrheit sollte man sich wie ein Mantra immer wieder ins Bewusstsein rufen.

Sparen sollten wir nicht nur für uns selbst, sondern für die Gesellschaft als Ganzes. Staaten, die sich verschulden, belasten mit dieser rücksichtslosen Politik künftige Generationen. Menschen, die keine Reserven besitzen und von den Leistungen anderer Generationen leben müssen, machen dasselbe. Indem wir also für uns selbst sorgen, sind wir nicht Teil des Problems, sondern Teil der Lösung. Das ist bestimmt nicht schlecht fürs eigene Ego, wenn man sich wieder einmal etwas Schönes leisten sollte...

Drittens haben wir Wahlmöglichkeiten. Wir müssen entweder länger arbeiten, als wir eigentlich vorhatten, um so die lange Zeit des Ressourcenabbaus zu verkürzen. Oder wir setzen die eigenen materiellen Ansprüche massiv und gezielt herunter, und zwar bereits heute und nicht erst irgendwann in einer fernen Zukunft. Auf diese Weise wachsen die ertragtragenden Reserven schneller.

Oder man wird einfach furchtbar reich. Dies erleichtert einiges, jedenfalls sobald man es tatsächlich ist. Der Weg dorthin ist allerdings meist nicht völlig unproblematisch. Viel Geld zu verdienen verschlingt Zeit, Energie und Kraft – und manchmal übermäßig viel von all diesen Dingen.

Sinnvolle Geldanlage

Wie aber soll man das ersparte Geld anlegen? Auch hier gilt es Entscheidungen zu treffen. Ist man bereit, Risiken in Kauf zu nehmen, einfach weil die Aktie historisch gesehen höhere Renditen abgeworfen hat als festverzinsliche Anlagen wie etwa Obligationen?

Gerade die jüngste Vergangenheit zeigt, dass laufend neue Gefahren auftauchen. Der Neue Markt und die Nasdaq waren bis Frühjahr 2000 die Sinnbilder einer fantastischen Zukunft. „Dies ist die größte legale Erschaffung von Reichtum in der Geschichte der Menschheit", nannte es John Doerr, der bekannteste und erfolgreichste Venture Capitalist von Silicon Valley. Millionen Börseneinsteiger hörten auf solche Sirenenklänge, einfach weil sie glaubten, dass die Euphorie nie enden würde, solange alle glaubten, dass die Euphorie nie enden würde. So funktioniert die Börse: einige wenige Fakten und viel, viel Psychologie.

Doch dann kippte alles schnell und brutal. Vor den Augen eines ungläubigen Publikums auf der ganzen Welt sackte der Nasdaq-Index von über 5000 auf 1800 Punkte. Und das Schlimmste dabei: Es handelte sich nicht um eine der üblichen Börsenschwankungen, auf die ein neues Hoch folgen würde. Diesmal wurden nicht nur Aktienkurse gedrückt, sondern renommierte Firmen und auch ganze Anlagefonds gingen in Rauch und Asche auf. Nach der größten legalen Erschaffung von Reichtum war dies die brutalste legale Zerstörung von Reichtum in der Geschichte der Menschheit – und dies alles innerhalb weniger Monate. Viele, viele Milliarden wurden vernichtet, und zwar endgültig. Die Hoffnung auf eine spätere Erholung gibt es nicht, wenn eine Firma einmal bankrott ist. Oder, noch schlimmer, eine ganze Branche.

Dieses Szenario kann sich beim nächsten Börsen-Hype wiederholen. Und die Frage, die wir uns zu stellen haben, lautet, ob wir in diesem Kasino unser hart verdientes Geld einsetzen möchten, das wir in einer fernen Zukunft so dringend brauchen werden. Der wohl erfolgreichste Investor der Welt, der Amerikaner Warren Buffett, sagte einmal: „Es gibt nur zwei Regeln. Die erste Regel ist, kein Geld zu verlieren. Die zweite ist, die erste Regel nie zu vergessen." Warren Buffett war einer der wenigen, die den Internet-Boom nicht mitgemacht hatten und stur auf Anlagen in der Old Economy setzten. 1999 wurde er wegen der mickrigen Performance seines Fonds verlacht. Ein Jahr später war er der Visionär und der große Held.

Geht man also auf Nummer sicher, wenn man wie Warren Buffett langfristig in so genannte Blue Chips investiert, das sind die Aktien der größten Firmen? Kann man sich in diesem Fall zurücklehnen, bis man einmal Flüssiges braucht?

Leider nicht, trotz aller Prognosen der ewig optimistischen Börsenheinis mit ihren beinahe lückenlosen Kaufempfehlungen. An der Börse gibt es keinen einzigen Trend, der nicht ins Gegenteil umschlagen kann. Und einiges deutet darauf hin, dass dies auch für das langfristige Wachstum von Aktien gelten könnte. Zwar nicht heute oder morgen – aber übermorgen. Dann nämlich, wenn sich die Dynamik der Bevölkerungspyramide auch in diesem Bereich bemerkbar machen wird.

Vorhersehbare Umwälzungen

Bisher werden die Börsen nicht in erster Linie durch die Investitionen von Privatpersonen getragen, sondern durch die Anlagen von Pensionskassen. Die vielen Milliarden, die dort angehäuft werden, sollen von ihnen möglichst

Gewinn bringend angelegt werden. Die enormen Summen, die auf diese Weise auch in den Börsenkreislauf gelangen, treiben die Kurse nach oben.

Das wird sich aber mit Sicherheit ändern. Der Zeitpunkt, wo der Zufluss von Geldern in die Pensionskassen kleiner sein wird als der Abfluss, wird kommen, und zwar weil immer mehr Menschen Pensionsgelder beziehen werden, während gleichzeitig immer weniger ihren Beitrag einzahlen werden. Dies wird automatisch zur Folge haben, dass Pensionskassen Aktien in gewaltigen Mengen verkaufen werden, was sich negativ auf die Börsenkurse der größten Unternehmen der Welt auswirken muss. Verstärkt wird dies durch dasselbe Verhalten von vielen Mitgliedern unserer Generation, die zu diesem Zeitpunkt ihre Reserven auflösen. Einige Experten rechnen damit, dass dieser Effekt sich erst ab 2020 bemerkbar machen wird – aber Vorsicht! Die Märkte antizipieren Entwicklungen, die absehbar sind, so dass sich bereits ab 2010 die Wirkungen dieser strukturellen Veränderungen in tieferen Aktienrenditen bemerkbar machen werden. Anderseits führt die höhere Verschuldung von Staaten und von Einzelpersonen zu höheren realen Zinssätzen. Dies bestätigt die Weltbank in einer neueren Studie, ebenso wie Goldman Sachs in ihrem jüngsten Bericht über „Global Aging - Capital Market Implications".

Allein die Hoffnung auf die Entwicklungsländer und ihre junge, schnell wachsende Bevölkerung und boomende Volkswirtschaften könnte diese Entwicklung verhindern. Doch was deutet heute darauf hin, dass gerade die ärmeren Länder dieses Planeten eine solch dynamische Entwicklung erleben werden? Eher wenig, und die Politik der Industriestaaten ist daran nicht ganz unschuldig. Diese Länder müssten zuerst viel wohlhabender werden, bevor sie die weltweiten Investitionen massiv beeinflussen könnten. Und auch die zweite Möglichkeit, um dieser Falle zu entgehen – nämlich eine massiv höhere Produktivität in den Industriestaaten –, ist ein eher unwahrscheinliches Szenario.

Realistische Erwartungen

Also, Leute: Wenn wir zu lange mit unserem Ersparten voll oder mehrheitlich in Aktien investiert bleiben, werden wir von dieser Entwicklung ebenfalls erfasst. Unser Vermögen wird nicht mehr weiterwachsen, wie wir es gewohnt sind, sondern es kann sogar dahinschmelzen. Die finanzielle Planung für die folgenden Jahren könnte so in sich zusammenfallen.

Zusätzlich gilt es, die psychologische Seite der Aktienanlagen zu betrachten. Will man in den kommenden Jahren pausenlos auf den Dow Jones und die anderen Börsenindizes starren, ständig in Angst vor schmerzhaften Rückschlägen? Da man in späteren Lebensjahren tendenziell auf Risiken stärker reagiert, könnte dies zu einer spürbaren Beeinträchtigung der Lebensqualität und damit der Lebenslust führen. Die Ungewissheit, ob man auch am heutigen Tag wieder viel Geld verloren hat, dürfte auf die Dauer nervtötend werden. Indem man auf sichere Werte setzt, kann man diese Stressfaktoren ausschalten und seine Aufmerksamkeit anderen Bereichen zuwenden. Dies ist eine echte Wahl, die wir zu treffen haben.

Ich weise auf diese Szenarien nur aus einem Grund hin: Die Risiken, mit unserem Ersparten langfristig hohe Renditen zu erzielen, werden zunehmen. Sie werden wohl größer sein, als wir aufgrund der Ratschläge unserer Anlageberater und der Erfahrungen der letzten Jahrzehnte annehmen können. Wenn wir uns aber stattdessen mehr auf sichere Anlagen in festverzinslichen Papieren konzentrieren, müssen wir mit kleineren Erträgen rechnen, auch wenn die Zinssätze tendenziell steigen werden. Das Sparen in Pensionskassen, mittels Versicherungen oder in der freiwilligen Altersvorsorge ist aus heutiger Sicht weitgehend risikofrei, aber nicht sehr lukrativ. Unter Berücksichtigung von Inflation und Steuern – beides wird vom ewig lächelnden Anlageberater meist ausgeklammert – erzielen wir damit vielleicht eine Nettorendite von bescheidenen drei bis sechs Prozent im Jahr.

Unser sinnvoll investiertes Vermögen wird daher beträchtlich langsamer wachsen, als wir es uns erhoffen. Das Akkumulieren geht viel weniger schnell, als wir es uns erträumen. Dies heißt im Klartext, dass wir leider noch einiges mehr an Geld benötigen, um für die lange Reise bis zum 100. Geburtstag genügend finanziellen Proviant zu haben. Alles Gründe, noch früher noch gezielter Geld zu sparen.

Und dann gibt es noch den klassischen Traum, dass man von den Zinsen des eigenen Vermögens leben kann. Das ist das Nonplusultra! Nur sollte man sich davon nicht verführen lassen. Erstens ist dies zumeist nicht möglich, vor allem, wenn die Renditen im tieferen einstelligen Bereich liegen. Bei einer Nettorendite von vier Prozent müsste man bei einer jährlichen Verbrauchsrate („burn rate" in der Sprache der New Economy) von 100.000 Franken oder 67.000 Euro ein Vermögen von 2,5 Millionen Franken bzw. 1,7 Millionen Euro angelegt haben, und zwar nicht im eigenen Haus oder in Kunst, wo keine Zinsen anfallen, sondern in Wertpapieren. Dies schaffen nur ganz wenige. Und 67.000 Euro werden in einem solchen Beispiel nur knapp reichen, wenn man an die doppelte Steuerbelastung denkt, denn neben Einkommensteuern gilt es auch Vermögensteuern zu bezahlen.

Die Sache mit dem Erben

Neben dem Sparen aber ist es zudem sinnvoll, das angehäufte Kapital zu verzehren, und zwar in genau dosierten Schritten. Das Ziel sollte sein, am Ende des Lebens keine Reichtümer zurückzulassen, für deren Erhaltung man zuvor gelitten hat. Dies zu planen ist nicht ganz einfach, weil es da einige Unsicherheiten zu berücksichtigen gibt. Zum Beispiel könnten wir ja noch einiges länger leben als 100 Jahre. Was aber geschieht dann, wenn wir für unsere letzte, rauschende Geburtstagsparty den Rest unseres Vermögens verpulvert haben?

Eben. Länger leben heißt auch die Risiken des Lebens verlängern. Sollte man deshalb etwa nicht vom Wert des eigenen Hauses (sofern man eines hat) zu leben beginnen, indem man die Hypotheken laufend erhöht, bevor man das Haus verkauft und sich einen günstigeren und wahrscheinlich auch kleineren Wohnraum sucht? Natürlich sollte man dies tun. Es ist sinnvoll – und relativ problemlos. Und je früher man das tut, umso besser. In Gesellschaften mit schrumpfender Bevölkerung wird die Nachfrage nach Privathäusern, die sich für ganze Familie eignen, laufend abnehmen, was sich negativ auf die Preise auswirken muss. Also verkaufen, bevor der Markt einbricht!

Damit erhält auch die Sache mit dem Erben eine neue Bedeutung. Die Abschaffung des Erbrechts, die Karl Marx emphatisch gefordert hat, aber nicht durchsetzen konnte, wird durch die Bevölkerungsentwicklung beinahe automatisch eingeführt. In Zukunft werden einige wenige wahnsinnig viel und alle anderen nichts erben können. Wenn wir 100 Jahre alt werden, wird in den meisten Fällen einfach nicht mehr viel Geld für unsere Nachkommen übrig bleiben.

Sie, die bei unserem Ableben auch so an die 70 Jahre alt sind, werden sich an diesen Gedanken gewöhnen müssen. „Sorry, wir brauchen das Geld für uns selbst", werden wir ihnen mitteilen. „Ihr müsst für euch selbst sorgen, eben ohne Hoffnung auf einen späteren Geldregen. Am besten beginnt auch ihr mit dem Sparen möglichst früh! Dieses Wissen gibt euch sicher zusätzliche Kraft und Selbstvertrauen. Im Übrigen werden wir euch dabei noch ziemlich lang zuschauen. Und noch eine gute Botschaft: Erbschaftssteuern und Erbschaftsstreitigkeiten, die schon viele Familien zur Verzweiflung getrieben haben, werden wir euch durch den Verzehr unseres Vermögens auch noch ersparen. Das ist doch zum Schluss noch eine erfreuliche Botschaft."

> *Wenn wir 100 Jahre alt werden, wird in den meisten Fällen nicht mehr viel Geld für unsere Nachkommen übrig bleiben.*

So wird sich also auch im finanziellen Bereich vieles verändern und uns und alle anderen Generationen direkt betreffen. Je früher wir uns ernsthaft damit auseinander setzen, desto präziser und zielgerichteter können wir unsere Maßnahmen wählen. Nichts ist schlimmer, als von

Ereignissen überrollt zu werden, die man hätte vorhersehen können.

Freiheit sichern

Vor allem sollte man immer so viel Geld gespart haben, um sich eine berufliche Auszeit von bis zu einem Jahr leisten zu können. Wer unter dem finanziellen Zwang steht, ohne Pause arbeiten zu müssen, auch wenn die Sehnsucht nach einer Veränderung übermächtig wird, beschränkt sich selbst in einem zentralen Bereich. Ohne Sicherheitsnetz kann man die vielfach notwendigen Änderungen nicht vornehmen. So wird das Ersparte zum Schlüssel einer Freiheit, die man sich auf jeden Fall sichern sollte.

Natürlich enthält die wirtschaftliche Zukunft noch viele Unbekannte. Doch einiges ist bereits im Nebel erkennbar. Wer clever ist, nimmt dies zur Kenntnis und richtet sich darauf ein. Arm sein, wenn man jung ist, kann einen gewissen Charme haben. Doch je älter man wird, desto weniger attraktiv wird dieser Zustand. Oder in den Worten von Zsa Zsa Gabor: „Ich war arm und ich war reich. Reich ist besser.“

Es fällt schwer, ihr zu widersprechen. Vor allem, wenn man denkt, dass man noch so viele Jahre Lebensfreude erleben möchte. Da tröstet es, wenn man immer noch etwas mehr Geld in der Tasche klimpern hört, als man unbedingt nötig hat.

Altersheim – nein danke!

10

Und später werden wir uns alle wieder im Altersheim treffen, um dort gemeinsam über die guten alten Zeiten zu nuscheln? Wohl kaum. Auch im Bereich Wohnen im Alter werden wir alles anders machen als frühere Generationen. Aber es ist erst in Umrissen erkennbar, wohin die Reise führen wird, wenn wir einmal in die Zielgerade einbiegen. Denn das liegt – wie wir hoffen – noch in ferner Zukunft. Viele jüngere Menschen beginnen sich allerdings heute schon zu fragen, wie wir unseren so genannten Lebensabend verbringen werden. Deshalb, so schmerzlich es empfunden werden kann, wenden wir uns auch diesem Thema zu.

Alles, was wir bisher über diesen Lebensabschnitt in Erfahrung bringen können, löst wenig Begeisterungsstürme aus. Altersheime sind definitiv nicht sexy und passen damit nicht zu uns! Aber es wird Alternativen geben!

Trends in den USA zeigen, dass sich massive Veränderungen bereits heute abzeichnen. So sind im Jahre 1982 26 Prozent aller Amerikaner über 65 Jahre chronisch krank gewesen. Im Jahre 1999 hat sich der Anteil auf 19 Prozent reduziert. Entsprechend ist ein Rückgang in der Anzahl der Bewohner von Pflegeheimen eingetreten, der natürlich eine erfreuliche Verminderung von Kosten im Gesundheitswesen verursachte. Gemäß den Autoren einer Studie der Duke University liegen die Gründe für diese Entwicklung in besserer Information, mehr Sport, besserer Ernährung und besserer medizinischer Betreuung.

Dies ist natürlich erst ein Anfang. Er betrifft Personen, die sehr viel älter sind als wir, die also von den Erkenntnissen der letzten Jahre erst in fortgeschrittenem Alter und vielleicht auch nur zögerlich Gebrauch gemacht haben. Permanente Pflege werden die meisten von uns – wenn überhaupt – erst viel später benötigen. Und vielleicht kann man dieses Stadium ganz umgehen, wenn man seine körperlichen und spirituellen Funktionen in Schwung hält, indem man die Türen des Lebens weit offen hält, wie ich in diesem Buch vorschlage.

Gehen wir einen Schritt zurück. Vor dem Pflegeheim steht meist das Altersheim. Aber auch hier sind große Veränderungen im Gange. Immer mehr Menschen bevorzugen im etwas reiferen Alter Wohnformen, die ihnen weiterhin ein unabhängiges Leben ermöglichen. Der Schritt ins Altersheim wird immer zögerlicher unternommen und in der Regel erst dann, wenn andere, weichere Möglichkeiten ausgeschöpft sind. Dabei handelt es sich um Zwischenstufen, bei denen Unterstützung in einem individuellen Umfeld angeboten wird, etwa in Form von angeliefertem Essen oder mittels Hilfe in der Hauspflege.

Neue Möglichkeiten

Diese Formen werden in den nächsten Jahren einen enormen Aufschwung erleben, da sie sich besonders für Personen eignen, die keine schwerwiegenden Krankheiten haben und die sich im gewohnten Umfeld weiterhin recht sicher bewegen können. Ihre Zahl wird massiv zunehmen – einerseits durch einen aktiveren Lebensstil und anderseits durch die Anwendung von immer effizienteren medizinischen Behandlungsmethoden. Bis wir einmal in jene Altersschichten vordringen werden, dürften wir mit Sicherheit ein ausgeklügeltes System vorfinden, das uns solche Unterstützung im von uns gewünschten Ausmaß anbieten wird. Dabei werden bisher noch nicht getestete Angebote auf den Markt kommen, die speziell auf die Bedürfnisse von Menschen ausgerichtet sind, die zuvor ein Leben wie wir geführt haben.

Das größte Problem werden dann vor allem die Kosten sein, denn der Preis für Dienstleistungen muss wegen der Überalterung massiv ansteigen. Immer mehr Ältere, die sich von immer weniger Jungen bedienen lassen – das kann nicht aufgehen. Umso wichtiger wird es also in den nächsten Jahrzehnten sein, dass man möglichst lange nicht auf solche Dienste angewiesen ist, indem man sich gesund und fit hält.

Endlose Ferien

Die Suche nach neuen, innovativen Modellen für ältere Menschen hat schon vor einiger Zeit begonnen. In den frühen 60er Jahren wurde in den USA ein Modell entwickelt, das als beispielhaft für kommende Generationen gelten sollte. Sun City war eine Retortenstadt in der Nähe von Phoenix im warmen Arizona, die nur für Pensionäre gebaut wurde. Nicht nur konnte man sich für wenig Geld ein eigenes Haus im ewigen Sonnenschein kaufen, sondern man hatte inmitten von Gleichaltrigen auch alle Annehmlichkeiten zur Verfügung. Im Zentrum stand das soziale Leben rund um den Golfplatz, der zum Symbol für die neue Generation von Rentnern auch ohne größere finanzielle Möglichkeiten wurde, die sich bis dahin diesen Sport nicht leisten konnten. Golf wurde jedoch nicht nur als Statussymbol eingeführt, sondern als idealer Sport für ältere Menschen, deren physische Leistungsfähigkeit laufend abnahm. Golf vermittelte ihnen trotzdem ein gutes Lebensgefühl.

Kinder oder Jugendliche waren in Sun City nicht erwünscht, nicht einmal als Besucher über Nacht, weil sie das soziale Gefüge gestört hätten. So wurde Sun City angepriesen als Ort, wo man sich das ganze Jahr über unter Seinesgleichen in den Ferien fühlen konnte – „endless holidays" –, wer würde sich mehr für seinen Ruhestand wünschen? Die Gleichung zwischen Pensionierung und Nichtstun wurde hier in idealtypischer Form angeboten, wie Marc Freedman in „Prime Time" detailliert beschreibt.

Die Wirklichkeit sah aber ganz anders aus. Die Bewohner von Sun City hielten sich pausenlos beschäftigt und hetzten von einer Veranstaltung zur anderen. Nichtstun, das faule Herumliegen, hatte eben auch in diesem Umfeld keinen hohen Prestigewert. Der Soziologe David Ekerdt nennt dies „the busy ethic", das heißt, man behält seine früheren Muster der Arbeitsethik bei, selbst wenn man sie nicht mehr mit echten Inhalten füllen kann. Aktivität wird so zur sinnentleerten Obsession, weil man nicht gelernt hat, dass Muße eine positive Qualität hat und nicht bloß das verurteilenswürdige Gegenteil von Arbeit ist.

Sun City wurde in den letzten Jahrzehnten ein sensationeller Erfolg, ein Traumziel, auf das hinzusparen sich für Millionen Amerikaner lohnte. Vor allem in den südlichen Staaten wurde eine Vielzahl von Ablegern und Abwandlungen von Sun City gegründet, und die Nachfrage konnte bis auf den heutigen Tag kaum befriedigt werden.

In Europa wurden und werden weniger ausgeklügelte Varianten von Sun City in Spanien und anderen Ländern des Mittelmeers gebaut, oder man kauft sich ein Stück „Paradies" in Thailand, in Florida oder in der Karibik. Viele Rentner suchen den Rückzug in Altersghettos an der Sonne, wo sie bei niedrigeren Lebenshaltungskosten einen großen Teil oder gar das ganze Jahr über zu leben gedenken, um sich so endlich die ersehnten Ferien für den Rest des Lebens gönnen zu können. Laut dem Magazin „Der Spiegel" sind es mittlerweile Hunderttausende Deutsche, die nach diesem Schema leben, und die Tendenz ist rasant steigend.

Sinnvolle Beschäftigung

Doch in den letzten Jahren hat sich ein gesellschaftlicher Wandel vollzogen, der natürlich auch vom Management von Sun City erkannt wurde. Da man langfristig im Geschäft bleiben will, reagiert man dort auf alle Veränderungen mit großer Sensibilität. So hat man bei Sun City mittels Umfragen erfahren, dass heute immer mehr ältere Leute eine sinnvolle Tätigkeit und nicht bloß endlose Ferien suchen. Eine solche Beschäftigung würde etwa durch die Weiterbildung an einer Universität geboten.

> *Heute wollen immer mehr ältere Leute eine sinnvolle Tätigkeit und nicht nur endlose Ferien.*

So wurden in jüngerer Zeit Ableger von Sun City nicht nur nach klimatischen Bedingungen aus dem Boden gestampft, sondern auch aufgrund der Nähe zu Universitäten mit Lernangeboten für ältere Menschen, selbst wenn diese im kalten, windgepeitschten Gebiet von Chicago liegen mögen. Statt Anlagen für Shuffleboard, einer Form von Boccia, gibt es dort hochmoderne Fitness-Center und schnelle Internet-Anschlüsse. Die heutigen Bewohner von Sun City wollen keinen Lifestyle, sie wollen ein Leben, und zwar ein echtes, fassbares.

Das ist ein Fingerzeig, in welche Richtung wir uns zu bewegen haben. Es kann nicht mehr unser Wunschtraum sein, in einem Altersghetto die Zeit allein mit Spaßaktivitäten zu vertrödeln. Viel erfolgversprechender ist ein Hinsteuern auf ein neues Gleichgewicht, bei dem man sowohl einen Beitrag zur eigenen Entwicklung wie auch zu derjenigen der Gesellschaft als Ganzes leistet. Umfragen in den USA zeigen, dass für die neue Gruppe älterer Menschen das Bedürfnis, sich für soziale Tätigkeiten einzusetzen, an zweiter Stelle hinter dem Wunsch nach Reisen steht. Im deutschen Sprachraum, wo solche Aktivitäten keine lange und bedeutende Tradition haben, ist dieses Bedürfnis noch nicht so stark verbreitet. Dies wird sich spätestens dann verändern, wenn unsere Generation in diese Lebensphase vordringt.

Geronto-WG

Kommunen und Wohngemeinschaften waren eine Erfindung der 68er. Sie haben sich in vielfältigen Spielarten bis heute erhalten, allerdings immer noch mehrheitlich für jüngere Menschen. Was spricht dagegen, dass viele unserer Generation zu einem späteren Zeitpunkt zu unseren ehemaligen Lebensmustern zurückfinden? Sind die Bedingungen dafür nicht beinahe optimal, wenn wir einmal aus dem Grundmuster der Kleinfamilie herausgewachsen sind? Wir werden unabhängiger sein und mehr Zeit zur Verfügung haben als jemals in den vergangenen 40 oder 50 Jahren. Das Bedürfnis für unkomplizierte, nicht an Terminkalender gefesselte Kommunikation wird zunehmen, ebenso die Notwendigkeit, Kosten zu sparen. Und wir werden nicht so einfach bereit sein, die Verantwortung irgendeinem Leiter oder Chef zu übertragen, der uns entmündigt.

> *Vielleicht sind ja detailliert geplante Wohngemeinschaften jene Lebensform, in der sich unsere künftigen Wünsche realisieren lassen.*

Könnten also WGs, individuell gebaut nach detailliert formulierten Ideen, jene Lebensform sein, in der sich unsere künftigen Wünsche realisieren ließen? Wohngemeinschaften, in denen man permanent leben würde oder vielleicht auch nur während eines Teils des Jahres? Je nach finanziellen Möglichkeiten könnte man sich Winter- und Sommerwohnsitze einrichten, in denen man sein soziales, kulturelles und berufliches Leben leben würde, vielleicht sogar eingebunden in ein gemeinsames soziales, wirtschaftliches oder gesellschaftliches Projekt mit den Wohnpartnern.

In den nächsten Jahren werden wir Berichte über solche Wohnformen mit Aufmerksamkeit zu verfolgen haben, um vielleicht bald einmal die eigenen Weichen stellen zu können. Es gibt bereits erste Beispiele, etwa im Tessin in der Schweiz oder die Hausgemeinschaft Jung & Alt in Oldenburg, bei der sich mehrere Generationen von Frauen zu einer innovativen Wohngemeinschaft zusammengefunden haben.

Natürlich sind es die ehemaligen Hippies und Baghwan-Sannyasins, die den Weg weisen. Sie gravitieren an gewisse Orte, wo das Klima und die spirituelle Umgebung stimmen, wie etwa in Santa Fe in New Mexico oder in Byron Bay an der Ostküste Australiens. Viele von ihnen haben inzwischen Geld verdient oder geerbt und versuchen nun, ihre früheren Lebensformen in die Zukunft zu übertragen: Ein ökologisches Umfeld, Massagen, Yoga, gesundes Essen, viel frische Luft und viele Menschen, mit denen man sich unterhalten kann, die kulturell und politisch interessiert sind und öfters mal einen Joint rauchen. Es gibt bereits konkrete Projekte, entsprechende Siedlungen zu bauen, in denen man auch die künftigen Jahre in einem Lifestyle leben kann, den man schon immer als besonders angenehm und inspirierend empfunden hat. Und dass das Ganze mit etwas mehr Komfort verbunden ist als früher, akzeptiert man mit einer gewissen Altersmilde als logische Entwicklung.

Das Bilden von Wohngemeinschaften, vielleicht auch mit langjährigen Freunden, bedarf einer frühzeitigen, umsichtigen Planung. Anders als in den Jugendjahren kommt man mit einigem Ballast in dieses neue Umfeld, Ballast, den man nur zum Teil abwerfen kann. Aber vielleicht ist man anderseits auch etwas toleranter als damals und in der Wahl seiner WG-Partner auch etwas sicherer.

Für mich hat der Gedanke an eine solche künftige Wohnform eine große Faszination. Ich könnte mir vorstellen, in einer solchen Gemeinschaft jene Anregungen zu erhalten, die in den Beengungen der Kleinfamilie nicht gelebt werden können. Erste tastende Gespräche mit möglichen Partnern haben bereits begonnen und werden sich in den nächsten Jahren wohl konkretisieren.

Vielleicht kann das Vorgehen auch schrittweise sein. Man würde dann ohne Aufgabe seines bisherigen Wohnumfeldes für einen Teil des Jahres an einem klimatisch attraktiven Ort beginnen, das neue Zusammenleben zu üben. Später würde man die gewachsenen Strukturen auch am alten Wohnort übernehmen. Unrealistisch? Da bin ich ganz anderer Meinung.

Altersheim neu

Und wenn es nicht klappen sollte? Selbst die Altersheime werden sich revolutionär verändern. Schon heute sind immer mehr Bewohner von Altersheimen mündige Mitmenschen und nicht mehr wie früher Personen, die mittels strikter Hausordnung relativ leicht kontrolliert werden können. Die künftigen Bewohner dieser Institutionen werden sich noch viel weniger leicht manipulieren lassen. Sie werden klar und lautstark erklären, was sie sich wünschen und was nicht. So selbstbewusst, wie sie ihr Leben bisher immer geführt haben, werden sie es auch hier tun. Und damit wird das Altersheim nicht mehr das sein, von dem wir uns heute erschreckt abwenden – vor allem wenn wir uns vorstellen, wir würden einmal in denselben Stühlen sitzen und denselben Betten liegen wie unsere Eltern.

Aber bitte, etwas Geduld! Es ist nicht notwendig, alle Antworten auf diese Fragen bereits heute zu haben. Im Gegensatz zu vielen anderen Bereichen, die wir in diesem Buch behandeln, besteht noch kein dringender Handlungsbedarf. Allein das Wissen, dass sich Gelegenheiten ergeben werden, die auf uns zugeschnitten sind, sollte uns vorerst ruhig schlafen lassen. Denn ein anderes Merkmal unserer Generation ist unser Selbstvertrauen. Wenn wir ein Problem sehen, werden wir es lösen. Einige von uns werden vorangehen, andere werden von diesen Erfahrungen profitieren, im Positiven wie im Negativen.

Und deshalb sollten wir nicht nur mit Schrecken an unsere ganz ferne Zukunft denken. Auch hier werden wir vieles besser, spannender und lustvoller erleben als alle Generationen vor uns.

Ab in die Zukunft 11

Im August 2001 kam es zum lange ersehnten Showdown. Die Verhandlungen über den Verkauf meiner Firmengruppe hatten sich schon seit Monaten hingezogen und wurden aufgrund des Einbruchs der Konjunktur und der Werbeausgaben immer schwieriger.

In der letzten, entscheidenden Nacht schien die Sache verloren. Die Verhandlungen waren definitiv gescheitert, als die Anwälte von beiden Seiten ihre dicken Aktenbündel zusammenrafften und das Sitzungszimmer verlassen wollten. Man hatte sich nicht geeinigt, Angebot und Gegenangebot lagen auch nach all den zähen Verhandlungen noch auseinander, und keine Seite war bereit, der anderen einen Schritt entgegenzugehen. Die Minderheitsaktionäre meiner Firmengruppe, die Vertreter einer internationalen Bank und die Gegenseite, die potenziellen Käufer, waren sich nicht einig geworden und sagten sich dies mit kalten Augen gegenseitig ins Gesicht. Ich saß wie gelähmt im Sessel am großen Verhandlungstisch – einen unsäglich erdrückenden Augenblick lang.

War dies nun das bittere Ende eines Prozesses, den ich eingeleitet hatte, um in eine nächste Phase meines Lebens hinüberzuwechseln? Waren all die gewaltigen Anstrengungen umsonst gewesen? Würde ich nun möglicherweise viele weitere Jahre in einer Position ausharren müssen, die mir nicht mehr wie früher jene Befriedigung verschaffte, wie ich sie immer als Voraussetzung für eine erfolgreiche, sinnvolle Tätigkeit betrachtet hatte? Würde ich vielleicht sogar physisch oder psychisch krank werden, einfach weil ich den ständig stärkeren wirtschaftlichen und seelischen Druck nicht mehr aushalten wollte, genau so, wie mir dies von mehreren Seiten vorausgesagt wurde?

Die Wende

„Ich verlange nochmals ein Timeout", sagte ich schließlich mit einer Stimme, die stark klingen sollte.

„Aber wir haben doch definitiv beschlossen, dass wir im Preis nicht weiter nachgeben", mahnte mich einer meiner Partner vorwurfsvoll, ein Mitglied des Verwaltungsrates und ein ausgebuffter ehemaliger Finanzchef eines Milliardenunternehmens mit jahrelangen Erfahrungen in gigantischen Transaktionen.

„Aber ich bestehe darauf", sagte ich.

Ich lief aus dem Sitzungszimmer ins Freie. Mir war speiübel. Ich würgte, doch es gelang mir nicht einmal, mich zu übergeben. In den vielen unsäglich stressigen Verhandlungsstunden hatte ich nur literweise Mineralwasser in mich hineingeschüttet, so als ob mein ganzer Körper in Flammen stehen würde.

Ich wusste, dies war eine Situation, die mein Leben möglicherweise für ganz lange Zeit bestimmen würde. Schließlich holte ich mein Handy hervor und rief meine

Frau Gabriella an, die in einem Restaurant mit einigen Freunden den Geburtstag einer Freundin feierte.

„Es geht mir nicht ums Geld", sagte ich ihr. „Wir bekommen sowieso mehr, als wir je benötigen werden. Aber ich fühle mich unfair behandelt. Die Gegenpartei hat uns ein schriftliches Angebot vorgelegt, an das sie sich nicht mehr halten will. Da habe ich ein Egoproblem. Schließlich geht es auch um meine Selbstachtung, denn ich bin es gewohnt, dass man sich an Abmachungen hält. Zudem sind meine Banker pickelhart. Die wollen diesen Deal nicht."

„Und was willst du", fragte mich Gabriella. „Was fühlst du tief in dir selbst?"

Ich holte tief Atem. Ich wusste ganz genau, was ich wollte. Ich wollte diesen Schritt in eine andere, neue Zukunft ganz, ganz intensiv. Die sieben Jahre Fernsehen waren zu einem Ende gekommen, eine neue Lebensphase wartete auf mich. Die Theorie mit dem siebenjährigen Rhythmus hatte sich tief in mein Bewusstsein eingegraben und verstärkte meinen Wunsch nach Entscheidung noch mehr.

Im Sitzungszimmer, in das ich mich daraufhin mit meinen Partnern zurückzog, kämpfte ich wie ein Löwe. Die Banker, die gewohnt sind, um jeden Dollar zu fighten, wollten nicht nachgeben. Doch nach einer sehr emotionalen Stunde hatte ich sie überzeugt, sich dem Deal nicht mehr zu widersetzen, auch wenn wir nochmals eine Konzession im Preis machen würden. Zehn Minuten später war die Sache per Handschlag mit der Gegenpartei besiegelt. Und ich war frei. Es war der Abend des 22. August 2001, genau drei Wochen vor dem 11. September.

Andere Werte

Viele Menschen unserer Generation geraten in solche Grenzsituationen, in denen es darum geht, weit reichende persönliche Entscheidungen zu treffen. Vielfach müssen von den eigenen Zielvorstellungen Abstriche gemacht werden, denn meist wird es unmöglich sein, sich alle seine Wünsche zu erfüllen. Aber in der Endabrechnung und in der Rückschau ist dies unwichtig. Im Zentrum steht allein, dass man die eigenen grundsätzlichen Ziele nie aus den Augen verliert. Von denen sollte man sich nicht abbringen lassen – und dabei ist das Timing oft absolut entscheidend. Meist hat man für große Veränderungen nur einen beschränkten Zeitraum zur Verfügung. Das Erkennen oder das Erspüren dieses „window of opportunity" ist wohl das Wichtigste und das Schwierigste zugleich. Denn erst mit konkretem Handeln wird etwas bewegt, alle langwierigen Gedankenspiele und Überlegungen, die nicht in einer Aktion münden, sind irrelevant.

> Das Erkennen oder Erspüren des richtigen Zeitpunktes für große Veränderungen ist wohl das Wichtigste und Schwierigste zugleich.

Als ich wenige Wochen später mit meinen knallharten Bankern aus New York sprach, hatte die Stimmung völlig umgeschlagen. Nach dem 11. September war die Welt auch für sie eine andere geworden.

„Jetzt stehen andere Werte im Vordergrund", sagte mir mein wichtigster Gesprächspartner aus der Wallstreet. „Wir haben hier alle viele Freunde verloren. Nun haben wir erkannt, was wirklich wichtig ist. Es ist die Familie, es sind Freundschaften. Der Beruf hat einiges an Bedeutung für uns verloren."

Doch wie lange wird diese Erkenntnis den Zwängen der Konkurrenzgesellschaft standhalten? Ich erinnerte mich: Nur wenige Monate zuvor war derselbe Wallstreet-Banker fluchtartig nach New York zurückgereist, weil einer seiner Freunde nach einem Abendessen am Steuer seines Wagens eingeschlafen und gegen eine Stützmauer gefahren war. Er selbst war auf der Stelle tot, seine Frau überlebte. Schon damals hatte ich dieselben Worte gehört: „Wir arbeiten alle zu viel. Das ist gefährlich für uns und unsere Familien. Wir müssen diesen Lebensstil ändern." Doch diese Erkenntnis hatte keine weiteren Konsequenzen gehabt, das „rat race" war im alten Höllentempo weitergegangen.

Nur ein einziges Lebenswerk?

In der schweizerischen Öffentlichkeit schlug der Verkauf meiner Radio- und Fernsehstationen hohe Wellen. Alle Zeitungen berichteten darüber auf Seite eins und kommentierten das Ereignis beinahe ungläubig. Dabei stand – für mich überraschend – eine Frage immer im Mittelpunkt, die mir auch in jedem Interview gestellt wurde: „Warum haben Sie Ihr Lebenswerk verkauft? War dies nicht besonders schmerzhaft, nachdem Sie alles selbst aufgebaut haben?"

„Das ist nicht mein Lebenswerk", versuchte ich zu erklären. „Mein Leben geht noch lange weiter, so hoffe ich zumindest. Und da wird in den nächsten Jahrzehnten noch unheimlich viel Spannendes passieren."

Ich sah, dass man mir nicht glaubte. Mein Schritt hatte das konventionelle Denken verletzt. Mehr als ein „Lebenswerk" wird niemandem zugestanden, und noch viel weniger, dass man es noch vor dem 60. Geburtstag ohne größeren äußeren Zwang einfach weggibt.

Da erinnerte ich mich an die Aussage eines gleichaltrigen Freundes. Er ist der Erbe eines großen Vermögens und eines sehr bedeutenden Unternehmens mit tausenden Angestellten. Als Eigentümer und Manager dieser Firma nimmt er eine sehr wichtige Stellung in der Gesellschaft ein. Als wir einmal über den Zeitpunkt des möglichen Rücktritts sprachen, meinte er: „Es gibt nichts Traurigeres als einen Mann, der nur viel Geld hat. Der langweilt sich auf dem Golfplatz zu Tode. Der ist ein unglücklicher Niemand."

Was er mir dabei wirklich mitteilte, war natürlich: „Nur solange ich meine heutige Position behalte, bin ich eine wichtige Person. Wenn ich hingegen abtrete oder mein Unternehmen verkaufe und Kasse mache, trete ich in ein Vakuum, das ich mit nichts füllen kann und das mir nie mehr jene Befriedigung bringt, die ich brauche, um genügend Selbstbestätigung zu haben. Davor habe ich Angst, denn ich traue mir nicht zu, mich ohne die Insignien der Macht so verwirklichen zu können, dass ich ein geachteter Mensch bleibe – und zwar in den Augen der anderen und damit auch vor mir selbst. Also kann ich noch sehr lange nicht zurücktreten!"

Genau deshalb gibt es so viele ältere und alte Unternehmer, die nicht loszulassen vermögen. Anders als ihre Angestellten, die von ihnen zwangsweise und ohne Abklärung der persönlichen Bedürfnisse in Pension geschickt werden, nutzen sie ihre Privilegien auch in dieser Beziehung.

Ich glaube, dass dies ein Irrweg für Menschen unserer Generation ist. Wir werden zu lange aktiv leben, um uns an einer einzigen Position festzukrallen, so spannend sie auch für viele Jahre erscheinen mag. Das Verharren an ein und demselben Platz kann nicht gut gehen, nicht für uns selbst und noch viel weniger für die Personen, die vom Beharrungsvermögen eines solchen beruflichen Endlosläufers betroffen sind.

Loslassen lernen

Das Loslassen ist wohl das Schwierigste im Leben überhaupt – und zugleich das Wichtigste. Es muss gelernt werden, und dies ist nur möglich, wenn man bereit ist, schmerzhafte Prozesse durchzumachen, ohne dabei nur das Negative zu sehen. Beim Loslassen verliert man zwangsläufig immer etwas, und meist konzentriert man sich auf diesen Blickwinkel. Doch bei jedem Loslassen gewinnt man auch,

> *Das Loslassen muss gelernt werden, und dies ist nur möglich, wenn man bereit ist, schmerzhafte Prozesse durchzumachen, ohne dabei nur das Negative zu sehen.*

selbst wenn man diesen Aspekt erst viel später begreifen kann.

Jede Veränderung ist mit Risiko verbunden. Wer sich mit diesen Gefahren seriös und rechtzeitig auseinander setzt, kann aber die neuen Chancen besser nutzen. Er bleibt dabei jung und erlebt die Lebenslust viel länger und intensiver.

„Und, was werden Sie jetzt tun?", lautete jeweils stereotyp die nächste Frage der Journalisten.

„Keine Ahnung. Und genau dies ist das Spannende. Ich sehne mich grundsätzlich nach etwas Neuem. Aber was dieses Neue sein wird, will ich noch nicht einmal wissen.

Zum ersten Mal in meinem Leben fühle ich mich frei. Ich habe, so unbescheiden das klingen mag, genug Ruhm und genug Geld erlebt. Das ist nicht etwas, dem ich auch in Zukunft noch nachjagen muss."

Jeder der Journalisten, der mich befragte, protestierte. Nein, dies würden sie mir nicht abnehmen. Es sei undenkbar, ohne konkrete Pläne eine so wichtige Position zu verlassen. Bestimmt würde ich bereits einen nächsten Coup planen.

Sie irrten. Ich hatte für mich entschieden, mir wenigstens für eine gewisse Zeit den Luxus eines leeren weißen Blattes zu leisten, auf dem keine Termine und damit keine Verpflichtungen eingetragen sind. Nach dieser Freiheit sehnte ich mich, und nach nichts anderem. Von dieser Ebene aus werde ich neue Türen öffnen, neue Erfahrungen machen und neue Grenzen erreichen – und dies wird mir helfen, meine Lebenslust weit in die Zukunft tragen zu können. Weil ich finanziell abgesichert war, habe ich es dabei sicher einfacher als jemand, der schon nach kurzer Pause eine neue Einnahmequelle erschließen muss. Aber selbst eine finanzielle Sicherheit hindert viele Menschen nicht daran, sich sofort und kopfüber ins nächste Abenteuer zu stürzen, das sich bei näherer Betrachtung als eine bloße Kopie des gerade verabschiedeten Bereichs entpuppt.

Die eigenen Fähigkeiten kennen

Und ich erinnerte mich an einen Workshop, den ich vor einigen Jahren belegt hatte, der einen lehren sollte, die Bereiche zu finden, in denen man seine Höchstleistungen erbringen kann. Die Hypothese lautete: Wer sich in einem solchen Umfeld bewegt, erzielt größere Erfolge und gelangt damit zu einer größeren Befriedigung.

Um dieses Ziel der Höchstleistung zu erreichen, musste man systematisch seine Fähigkeiten und Neigungen beschreiben und gewichten. Bald schälten sich unterschiedliche Bereiche heraus: einer, in dem man Hervorragendes leisten konnte, dann einige, in denen man sich gut in Szene zu setzen vermochte, andere, wo man nur Mittelmäßiges oder sogar Unterdurchschnittliches hervorbringen würde. Auf der Grundlage dieser Erkenntnisse würde man sich sinnvollerweise auf jene Tätigkeiten konzentrieren, bei denen die Erfolgschancen größer sein würden, und andere, die ebenfalls attraktiv erschienen, wo man aber höchstens Durchschnittliches anzubieten hätte, würde man eher nicht in Betracht ziehen.

Ich glaube, dieses mentale Auswahlverfahren eignet sich besonders gut, wenn man sich auf die nächste berufliche Phase vorbereitet. Man sollte ehrlich, kritisch und offen abklären, wohin der Weg führen soll, um sich nicht aufgrund irgendwelcher irrationaler, romantischer Anwandlungen auf ein Abenteuer einzulassen, bei dem der Misserfolg mit allergrößter Wahrscheinlichkeit eintreten wird. Das Verdauen solcher vermeidbaren, voraussehbaren Negativerlebnisse kann sehr schmerzlich und langwierig sein.

Genau an diesem Punkt stehe ich. Ob man sich für ein Studium, einen neuen Beruf, die Ausrichtung auf gemeinnützige Aktivitäten oder vorerst für ein leeres Blatt entscheidet – all dies muss frühzeitig eingeleitet und umsichtig eingefädelt werden. Die Realität ist auch unter diesen Voraussetzungen noch immer unsicher genug.

Das Ego-Projekt

In diesem Buch habe ich einige Methoden aufgeführt und konkrete Beispiele erwähnt, wie man sich rechtzeitig auf diesen Prozess des Loslassens und des Vorwärtsschreitens in die nächste spannende Phase seines Lebens vorbereiten kann, der auf alle von uns wartet, die wir 100 Jahre Lebenslust genießen wollen. Die Beschäftigung mit der eigenen Spiritualität steht dabei im Vordergrund. Aber auch ein harmonisches Körpergefühl, ein ausgewogenes soziales Umfeld und nicht zuletzt eine gewisse materielle Sicherheit gehören dazu. Und einiges mehr. Nur wenn man sich in all diesen Bereichen entwickelt, kann man ohne Angst vor einem Fall ins Leere loslassen, um sich so für neue Welten und für eine neue Euphorie zu öffnen.

In wenigen Jahren werden die ältesten Mitglieder unserer Generation in den für uns unbekannten Kontinent jenseits der 60 Jahre vorstoßen, und auch dort werden wir wohl ebenso revolutionär alle bestehenden Vorgaben umstoßen, wie wir es bisher immer getan haben. Ein internationales Network wird uns laufend mit neuen, spannenden Informationen versorgen, die unser Leben bereichern helfen. Das Thema, das in diesem Buch behandelt wurde, wird in den nächsten Jahren ins Zentrum der öffentlichen Diskussion rücken, da bin ich mir sicher. Und die Erkenntnisse über die neuen, wundersamen Möglichkeiten, die uns in den kommenden Jahrzehnten zur Verfügung stehen, werden exponentiell zunehmen und unser Verhalten laufend verändern. Wir alle befinden uns inmitten eines evolutionären Prozesses, dessen Richtung erst in schemenhaften Umrissen erkennbar ist.

So wird dieses Buch schon in wenigen Jahren in vielen Bereichen überholt sein – und das ist gut so. Wir alle werden von diesem neuen Wissen profitieren können, wir alle, die wir auf dieser Reise in Richtung 100 Jahre Lebenslust sind.

Die Erkenntnisse über die neuen, wundersamen Möglichkeiten, die uns in den kommenden Jahrzehnten zur Verfügung stehen, werden exponentiell zunehmen und unser Verhalten laufend verändern.

Auch ich weiß nicht, wohin mich diese Reise führen wird. Das Gepäck liegt bereit, auch einiges an Proviant. Wird die große Leere kommen, das Gefühl, nicht mehr gebraucht und nicht mehr wichtig zu sein, das ich wie viele andere unserer Generation auf dem Golfplatz zu bekämpfen versuche? Ich glaube nicht. Denn noch nie bin ich so gespannt auf die Fortsetzung gewesen wie heute. Ich werde alles dafür tun, damit ich neue, spannende Grenzen erreiche und nicht allein wehmütig zurückblicke, wie das die Menschen früherer Generationen in unserem Alter meist getan haben. Denn die Offerte für 100 Jahre Lebenslust, die sich uns bietet, ist einfach zu gut, um sie abschlagen zu können.

Literatur

Bücher

Armstrong, Lance: *Tour des Lebens*, Lübbe Verlag, Bergisch-Gladbach 2001

Branson, Richard: *Business ist wie Rock'n Roll*, Campus, Frankfurt 1999

Chein, Edmund: *Zurück in die Jugend*, Herbig, München 1999

Dychtwald, Ken: *Age Power*, Putnam, New York 1999

Feldenkrais, Moshé: Bewusstheit durch Bewegung, Suhrkamp, Frankfurt 1996

Fischer, Joschka: *Der lange Lauf zu mir*, Kiepenheuer & Witsch, Köln 1999

Freedman, Marc: *Prime Time*, Public Affairs, New York 1999

Grossman, Terry: *The Baby Boomers' Guide to Survival*, The Hubristic Press, Golden Colorado 2000

Herrigel, Eugen: *Zen in der Kunst des Bogenschießens*, Barth, München 2000

Higdon, Hal: *Marathon, the ultimate training-guide*, Rodale Press, Emmau-Pennsylvania 1999

Jong, Erica: *Der Teufel in Person: Henry Miller und ich*, Hoffmann und Campe, Hamburg 1999

Klatz, Ronald: *Grow Young with HGH*, HarperCollins, New York 1997

Klenztze, Michael: *Für immer jung durch Anti-Aging*, Ratgeber Ehrenwirth, o.O. 2001

Krakauer, Jon: *In eisige Höhen. Das Drama am Mount Everest*, Piper Taschenbuch, München 2000

Levine, Stephen: *Noch ein Jahr zu leben*, Rowohlt Taschenbuch Verlag, Hamburg 1999

Moody, Harry R.: *The Five Stages of the Soul*, Anchor Books, New York 1997

Oelz, Oswald: *Mit Eispickel und Stethoskop*, AS Verlag & Buchkonzept, Zürich 1999

Perls, Friedrich: *Gestalt - Wachstum - Integration*, Junfermannsche Verlagsbuchhandlung, Paderborn 1980

Petersen, Ole: *Lifepower – das Anti-Aging-Programm*, Rowohlt Taschenbuch Verlag, Hamburg 2001

Roizen, Michael: Real Age: *Are You as Young as You Can Be?*, HarperCollins, New York 1999

Roszak, Paul: *America the Wise*, Houghton Mifflin, Boston - New York 1998

Spears, Barry: *The Anti-Aging Zone*, Regan Books, o.O. 1999

Stamm, Hugo: *Achtung, Esoterik*, Pendo, Zürich 2000

Strunz, Ulrich: *Forever Young*, Gräfe und Unzer, München 2000

Walford, Roy und Walford, Lisa: *The Antiaging Plan*, Four Walls Eight Windows, New York 1994

Wallace, Paul: *Agequake*, Nicholas Brealey, London 1999

Wei, Jeanne und Levkoff, Sue: *Aging Well*, John Wiley & Sons, New York 2000

Weil, Andrew: *Eating Well for Optimum Health*, Alfred A. Knopf, New York 2000

Artikel in Zeitschriften, Zeitungen und Websites

Interview mit Ulrich Strunz in: *Laufzeit*, September 2000

„Global Aging - Capital Market Implications" in: *Goldman Sachs*, February 8, 2001

„Ich leide, also bin ich" in: *Facts*, 29/01

Claudia Nientit: „Schwache Powerpillen" in: *Sonntags-Zeitung*, 21. Januar 2001

Stefan Klein: „Hirntraining" in: *SonntagsZeitung*, 21. Januar 2001

„Admen Bank on Boomers" in: *Variety*, Februar 5-11, 2001

Christine Gorman: „Repairing the Damage" in: *Time*, February 5, 2001

„Drugs of The Future"in: *Time*, January 15, 2001

„To Exercise your Mind, Start with your Body" in: *Washingtonpost.com*, April 10, 2001

„Study Disputes Value of Mistletoe for Cancer" in: *CNN.com*, May 14, 2001

Bettina Recktor und Matthias Meili: „Die verbotene Medizin (Cannabis)" in: *Die Weltwoche*, 28. September 2000

„Ein Hormonfeuerwerk im Kopf" in: *Tages-Anzeiger*, 11. Dezember 2000

Stefan Klein: „Der alte Mann und Ecstasy" in: *NZZFolio*, April 2001

Frederic Golden: „St. John's What?" in: *Time*, April 2001

Mischa Hauswirth: „Die Ehekrise im Blut" in: *Sonntags-Zeitung*, 13. Mai 2001

„Sportaktivität und Sportkonsum der Schweizer Bevölkerung" in: *Tages-Anzeiger*, 17. Oktober 2000

Stichwortverzeichnis